So you really want to

Spanish

BOOK 3

So you really want to learn

Spanish

BOOK 3

Simon Craft M.A. (Oxon.), PGCE (Bristol)
Series Editor: Nicholas Oulton M.A. (Oxon.)

www.galorepark.co.uk

GALORE PARK

Published by Galore Park Publishing Ltd,
PO Box 96, Cranbrook, Kent TN17 4WS

Printed and bound by The Bath Press

ISBN-10: 1 902984 30 7
ISBN-13: 978 1 902984 30 8

First published 2005

Available in the series:

So you really want to learn Spanish Book 1

Pupil's Book	1902984102
Teacher's book	1902984137
Audio CD set	1902984250

So you really want to learn Spanish Book 2

Pupil's Book	1902984269
Teacher's book	1902984277
Audio CD set	1902984285

So you really want to learn Spanish Book 3

Pupil's Book	1902984307
Teacher's book	1902984390
Audio CD set	1902984404

www.galorepark.co.uk

Acknowledgements

We would like to thank the following for their contributions: Professor Rafael Fente (University of Granada), Mari-Ángeles Márquez (Lectora, Westminster School), Graham Bartlett (Head of Spanish, Westminster School), John Witney (Westminster School), Cinta Romero (Head of Spanish, Bethany School) and, *especialmente*, **Miguel Márquez ('Mique')**. Thanks also to Florence Buet, for her splendid ferrying duties.

Preface

Welcome to 'So you really want to learn Spanish' Book 3, in which we continue to combine an entertaining and amusing narrative style with a detailed and comprehensive grammatical approach. In this way, we very much hope that you will continue to develop your linguistic skills and enjoy yourselves at the same time. ¡Que os divirtáis!

Contents

Unit 1 – Nosotros, los jóvenes

Unit 2 – Los medios de comunicación

Unit 3 – Nuestros proyectos

Unit 4 – Nuestro medio ambiente

Unit 5 – El mundo hispano

Unit 6 – ¿Tú qué opinas?

Glosarios

UNIT 1 | Nosotros, los jóvenes

About the unit

In this unit you will learn to describe in more detail what kind of person you are, and also give descriptions of other people's character traits. You will also learn to talk about what jobs you do, or don't do, about the home, and about your pocket money. You will be able to conduct telephone conversations and take and pass on messages.

New language content:

- relative pronoun lo que
- giving and justifying opinions
- responding to the question ¿Qué hiciste?
- consolidation of verbs of obligation + infinitive
- expressions for apologising, declining, accepting, thanking, excusing, telephoning

New contexts:

- friendships
- descriptions of people
- jobs in the home
- pocket money
- telephoning
- conveying messages
- invitations

CD 1

Exercise 1.1

¡Lee!
Lee esta conversación entre Jorge y Andrés, y luego contesta las preguntas:

Jorge:	Hola, Andrés. Siento muchísimo llegar tarde. Estaba con Pedro y no me di cuenta de la hora.
Andrés:	No pasa nada. Últimamente estás pasando bastante tiempo con Pedro, ¿no?
Jorge:	Sí, supongo. Es que es un gran amigo mío. Me ha ayudado mucho con lo de Elena.
Andrés:	Yo no le conozco muy bien. ¿Cómo es?
Jorge:	Es un tío muy majo, muy simpático, y bastante generoso. Sobre todo, es muy paciente; esto es lo que más me gusta de él. Siempre te escucha, y luego intenta animarte. Es muy positivo.
Andrés:	Mi hermano, Juan, es así. Tiene un carácter buenísimo. Siempre está alegre. ¡Qué envidia me da!
Jorge:	¿Por qué?
Andrés:	Porque yo no soy así. Soy demasiado pesimista. Suelo pensar en las cosas malas en lugar de las cosas buenas. No lo puedo remediar.
Jorge:	Yo no te veo así. Siempre pareces muy contento y amable.
Andrés:	Porque hago un esfuerzo. No quiero quedarme sin amigos.
Jorge:	¿Y por qué eres tan pesimista? Tienes una vida fantástica, ¿no?
Andrés:	Sí, tengo suerte, pero me preocupo mucho. Soy así. ¿Qué puedo hacer?
Jorge:	Pero, ¿por qué te preocupas?
Andrés:	El mundo me parece muy feo: tanta violencia y pobreza.
Jorge:	Tienes que pensar más en lo positivo. Olvídate de las cosas que no puedes cambiar y disfruta de todas las cosas buenas que tienes.
Andrés:	Tienes razón. Voy a intentar cambiar.

Answer the following questions in English:

1. Why is Jorge late?
2. What does he particularly like about Pedro?
3. Why is Andrés so envious of his brother?
4. Why does Andrés make an effort to be nice?
5. Why does Andrés worry so much?
6. What is Jorge's advice?

Vocabulario
Majo = nice, kind
Animar = to encourage
El carácter = nature
Alegre = cheerful
¡Qué envidia me da! = I'm so envious!
Pesimista = pessimistic
Hacer un esfuerzo = to make an effort
Lo positivo = the positive things

Exercise 1.2

¡Escribe!
Take a look back through Exercise 1.1 and make a list of all the different adjectives. Once you have done that, choose five of them, and then, using each of the family members below, invent five sentences, making sure that the adjectives agree.

1. La abuela
2. La prima
3. La hermana
4. La madre
5. La tía

Ejemplo:
Mi prima es maja y generosa.

CD 2

Exercise 1.3

¡Escucha!

Escucha esta entrevista, y luego contesta las preguntas de abajo:

1. Who is the interview between?
2. What positive character traits are mentioned here?
3. What criticism is made by the interviewer?
4. What is the reaction of the interviewee, and how does he justify his response?

Vocabulario

El resultado = the result
Justo = fair
Merecer = to deserve
Ganar = to win
El rendimiento = the performance
El corazón = the heart
Tener coraje = to be tough, courageous
Fastidiar = to annoy, irritate
Los demás = the rest, others
Demostrar = to show
Marcar = to score
El balón = the ball

Exercise 1.4

¡Escucha!

Escucha la entrevista otra vez, y haz una lista de todos los ejemplos del pretérito.

Exercise 1.5

¡Lee!

Lee este texto sobre los amigos y luego haz el ejercicio:

Un buen amigo

Los jóvenes de hoy en día parecen tener ideas diferentes sobre lo que constituye un 'buen amigo'. Jerónimo, Javier y Belén son unos hermanos que viven en Salamanca. Todos tienen opiniones distintas sobre la amistad. Para Javier, lo importante es el factor social. Dice: "A mí me gusta mucho salir, así que prefiero la gente marchosa. También me gustan las personas generosas, gente dispuesta a invitarte. Además, creo que es imprescindible poder reírse."

Su hermano Jerónimo comparte su opinión hasta cierto punto: "A mí también me gusta la gente marchosa, pero me interesa mucho más que un amigo sea honesto y sincero y, si tiene sentido del humor, mejor."

Las chicas parecen apreciar más la lealtad. "Para mí," dice Belén, "es importante que un amigo sea leal. Tengo que poder fiarme de esa persona. Necesito saber que si le cuento un secreto a un amigo, nunca se lo va a contar a otro. Creo que esto es más importante para las chicas, que para los chicos. También me gusta poder reírme con mis amigos."

Belén dice que para los chicos el aspecto social es más importante que otra cosa. Su hermano Javier está de acuerdo, pero Jerónimo no piensa así. Él opina: "Yo creo que la mayoría de los chicos y de las chicas buscamos las mismas características."

Vocabulario
Constituir = to constitute
Distinto = different
La amistad = friendship
Lo importante = the important thing
Marchoso = fun-loving
Dispuesto = prepared
Imprescindible = vital, essential
Reírse = to laugh
Compartir = to share
Hasta cierto punto = to a certain extent
Honesto = honest
Sincero = sincere
Tener sentido del humor = to have a sense of humour
Apreciar = to appreciate
La lealtad = loyalty
Leal = loyal
Fiarse de = to trust
El secreto = the secret
Estar de acuerdo = to agree
La mayoría = the majority
La característica = the characteristic

¡Escribe!
Write down the name(s) of the person(s) to whom the following statements apply:

1. Piensa que la confianza es lo más importante.
2. Le gusta la gente sociable y extrovertida.
3. Cree que buscan características iguales.
4. Le gusta la gente con dinero.
5. Piensa que la risa es importante.

Vocabulario
La confianza = trust
Sociable = sociable
Extrovertido = extrovert
Igual = same
La risa = laughter

Exercise 1.6

¡Escribe!
¿A quién prefieres: a Javier, a Jerónimo o a Belén? Escribe un pequeño párrafo sobre quién prefieres y por qué.

Exercise 1.7

¡Escribe!
There are a number of adjectives used in Exercises 1.1 to 1.6 that are similar to English. Make a list of these words in Spanish, and, alongside, write out their English counterparts.

Adjective revision

You will be familiar, by now, with the way in which adjectives need to agree with the nouns which they qualify. You know that if an adjective ends in 'o', the 'o' needs to change to an 'a' if the adjective qualifies a feminine noun.

Example:
Mi hermano es muy generoso.
Mi hermana es muy generosa.

When the noun is plural, we add 's'.

Example:
Mis hermanos son muy generosos.
Mis hermanas son muy generosas.

However, remember that there are certain adjectives that have the same ending in the masculine and feminine. This is the case for:

(i) all adjectives that end in 'e'.

Example:
Mi padre es paciente.
Mi madre es paciente.

(ii) Most adjectives that end in consonants.

Example:
Mi amigo es leal.
Mi amiga es leal.

(iii) Adjectives that end in '–ista'.

Example:
Andrés es pesimista.
Su prima es pesimista.

Exercise 1.8

¡Escribe!
Usando los 2 grupos de palabras de abajo, inventa 5 frases:

Optimista	mis padres
Sincero	yo
Leal	tú
Paciente	nosotros
Valiente	Jerónimo

Ejemplo:
Jerónimo es sincero.

Exercise 1.9

¡Escribe!

Complete the sentences below by putting the correct form of the verb and adjective in the appropriate gap:

1. Ellas..........(ser)..........(valiente).
2. Tú..........(ser)..........(paciente).
3. Los chicos..........(ser)..........(egoísta).
4. Mi hermano..........(ser)..........(optimista).
5. Nosotros..........(ser)..........(sincero).

Vocabulario

As in Books 1 and 2 of this course, we will be gathering together the most important words for you to learn. Make a point of learning and revising these words. You will be amazed at the difference this makes.

Vocabulario 1.1

Alegre = cheerful
La amistad = (the) friendship
Animar = to encourage
Apreciar = to appreciate
El balón = the ball
El carácter = the nature
La característica = the characteristic
Compartir = to share
La confianza = the trust
Constituir = to constitute
El corazón = the heart
Los demás = the rest, others
Demostrar = to show
Dispuesto = prepared
Distinto = different
Estar de acuerdo = to agree
Extrovertido = outgoing, extrovert
Fastidiar = to bother, annoy
Fiarse de = to trust
Ganar = to win, to earn
Hacer un esfuerzo = to make an effort
Hasta cierto punto = to a certain extent
Honesto = honest
Igual = same
Imprescindible = vital
Justo = fair, just
Lo importante = the important thing
Lo positivo = the positive thing
Leal = loyal
La lealtad = the loyalty
Majo = nice, kind
Marcar = to score
Marchoso = fun-loving
La mayoría = the majority
Merecer = to deserve
Pesimista = pessimistic
¡Qué envidia me da! = I'm so envious
Reírse = to laugh
El rendimiento = the performance
El resultado = the result
La risa = the laughter
El secreto = the secret
Sincero = sincere
Sociable = sociable
Tener coraje = to be courageous, brave
Tener sentido del humor = to have a sense of humour

CD 3

Exercise 1.10

¡Escucha!

Listen to the dialogue between two friends talking about Pedro and Javier. Then decide which of the adjectives below refers to whom.

Vocabulario
Caer bien = to like
Sacar buenas notas = to get good marks
Divinamente = beautifully, fantastically
En cambio = on the other hand
La privacidad = privacy
Tacaño = stingy, miserly

¡Contesta!

Work out which of these characteristics belongs to which person:
N.B. Two of them apply to both, and one of them does not apply to either.

Marchoso	Modesto
Generoso	Con sentido del humor
Con talento	Arrogante
Poco paciente	Poco sociable

1. ¿A quién prefiere Juan y por qué?
2. ¿A quién prefiere Carlos y por qué?
3. ¿A quién prefieres tú y por qué?

Lo que

The relative pronoun lo que is a structure that you may recall seeing already, and you will certainly see again. It is usually translated as 'what' or 'the thing which'.

For example:
Lo que más me gusta de Juan es su sinceridad = what I most like about Juan is his sincerity.
Eso es lo que más me gusta = that is what I like most.

Exercise 1.11

¡Escribe!

In Exercise 1.10, you were asked to match a number of characteristics with Pedro and Javier. Now see whether you can find the nouns which are linked to the adjectives.

Example:
Marchoso: la marcha

Here is the list of the other adjectives:

Generoso	Arrogante
Paciente	Sociable
Modesto	

¡Contesta!
¿Qué es lo que más te gusta en una persona?

Ejemplo:
Lo que más me gusta es la generosidad.

Exercise 1.12

¡Escucha!
Escucha esta conversación entre Nuria y Eva sobre Carlos. Toma apuntes y luego contesta las preguntas:

Vocabulario
¡Qué cara! = what a nerve!
Una pocilga = a pigsty
Equivocarse = to be wrong
Al fin y al cabo = when all's said and done

Características malas de Carlos:

. . . .

. . . .

Características buenas de Carlos:

. . . .

. . . .

Contesta estas preguntas:

1. ¿Por qué Nuria quiere saber la opinión de Eva sobre Carlos?
2. ¿Por qué Nuria tiene dudas?
3. ¿Sobre qué aspecto de su carácter no están de acuerdo?
4. ¿Qué decide Nuria al final?

Vocabulario
Tener dudas = to have doubts

CD 5-10

Exercise 1.13

¡Lee!

Hola. Soy Jorge. Me gusta muchísimo la comida, sobre todo la carne. Soy bastante marchoso y me encanta la música, sobre todo el flamenco. También soy muy aficionado a los toros y los coches. Soy cariñoso, y estoy buscando una chica con más o menos las mismas características y los mismos gustos. Tengo que confesar que estoy un poco gordito, pero llevo cuatro meses a régimen.

Hola. Me llamo Rafael. Soy bastante tranquilo; no me gustan mucho las discotecas. Prefiero la música clásica. Disfruto mucho de la comida, sobre todo la comida casera. No soy muy deportista, pero me gusta nadar y voy casi todos los días a la piscina. Creo que soy honesto y sincero, y tolerante, y estas son las características que más aprecio en una pareja. Espero tu llamada.

Hola. ¿Qué tal? Yo soy Iván. Me gustan mucho los deportes. Es muy importante para mí mantenerme en forma. También, me encanta el cine, pero prefiero las películas francesas o españolas, no las americanas. Soy muy aficionado a comer fuera. Me gusta todo tipo de cocina, pero prefiero la italiana. Además me gusta viajar. Mis amigos dicen que soy un poco desordenado, y que estoy demasiado delgado, pero nadie es perfecto, ¿verdad?

Yo soy Marta. Tengo 16 años. No soy como las demás niñas de mi edad en el sentido de que no salgo demasiado. A pesar de eso, tengo muchas aficiones. Me gustan las películas, y también la música. Mi compositor favorito es Mozart. Soy bastante ordenada, y me considero una persona sincera. Me encanta comer, pero prefiero comer algo bueno en casa en vez de comer en un restaurante.

Hola. Yo soy Pepa. Me gusta mucho salir. Me encanta el ambiente de los bares, y disfruto un montón del cine. También, me encanta comer (estoy un poco gordita), y viajar. Soy deportista, pero no me gustan nada las corridas de toros; creo que son muy crueles.

Yo soy Alba. Como todo el mundo, tengo cosas buenas, y cosas malas. Soy bastante deportista y me gustan todos los deportes. Me gusta mucho salir e ir a conciertos de música. Me encanta Ketama. Soy muy aficionada a comer, y tengo que admitir que necesito adelgazar. Me gusta todo, pero especialmente el jamón. Para mí, no hay nada como un buen bocadillo de jamón.

¡Escribe!
Decide which of the boys and girls above are best suited to one another and, in Spanish, explain why.

Vocabulario
Ser aficionado a = to be fond of, keen on
Casero = homemade
La afición = the hobby, pastime, fondness
El compositor = the composer

Exercise 1.14

¡Escribe!
Using the examples in Exercise 1.13 as a model, write a short paragraph about yourself, including your hobbies and your character traits.

Las tareas de la casa

PASAR LA ASPIRADORA

FREGAR LOS PLATOS

PONER LA MESA

HACER LA CAMA

LAVAR EL COCHE

CORTAR EL CÉSPED

PREPARAR LA COMIDA

PONER LA LAVADORA

PLANCHAR

CD 11

Exercise 1.15

¡Escucha!

Escucha esta conversación entre Rafael y Marta y luego decide si las frases de abajo son falsas o verdaderas:

1. Rafael tiene que hacer su cama cada día.
2. Los fines de semana Rafael tiene que fregar los platos.
3. El padre de Rafael le paga diez euros por lavar su coche.
4. A Marta no le gusta planchar.
5. La madre de Marta no trabaja fuera de casa.
6. Marta lo pasa mal cuando pasa la aspiradora.

Ahora, contesta las preguntas de abajo:

1. ¿Qué problema tiene Rafael cuando corta el césped?
2. ¿Cuándo lo hace?
3. ¿Cuánto le pagan por hacerlo, y, por qué le pagan tanto?

Exercise 1.16

¡Escribe!

With a partner, create a dialogue in which you both discuss what jobs you do at home. You should also provide information in terms of when you have to do these jobs, and what you think of them and why.

CD 12

Exercise 1.17

¡Lee!

Lee esta conversación entre Iván y Alba y luego contesta las preguntas de abajo:

Alba: ¿Qué tareas tienes que hacer en casa?
Iván: Muchas, pero no me importa porque me pagan.
Alba: ¿Cuánto?
Iván: Depende. Por hacer mi cama, no me pagan nada.
Alba: Normal.
Iván: Tampoco me pagan cuando preparo la comida, pero no me importa nada porque me encanta cocinar. Pero, si lavo el coche de mi padre, por ejemplo, me pagan ocho euros. Si corto el césped, me pagan doce porque tardo bastante más.
Alba: ¿No tienes que hacer nada más?
Iván: Sí. Si invito a un amigo a pasar la noche, siempre tengo que pasar la aspiradora al día siguiente.
Alba: ¡Qué suerte! Yo tengo que hacer mucho más, y no me pagan nada.
Iván ¿Qué tienes que hacer?
Alba: Tengo que poner la lavadora, tender la ropa, sacar al perro, sacar la basura, poner la mesa, poner el lavaplatos.
Iván: ¿Por qué tienes que hacer tanto?
Alba: Soy hija única.
Iván: Entiendo. Entonces, ¿no te dan dinero?
Alba: Sí, pero no por hacer las tareas. Me dan cincuenta euros cada mes.
Iván: ¿En qué lo gastas?

Alba: Bueno, siempre intento ahorrar un poco. El resto, lo gasto en música, ropa, el cine. ¿Y tú?
Iván: Yo no consigo ahorrar nada. Compro muchas películas y como mucho en restaurantes.
Alba: A ver si me llevas a uno pronto.
Iván: Claro. ¿Qué tal este fin de semana?
Alba: Me parece muy bien.

Contesta las preguntas de abajo:

1. Why does Iván not mind about doing household chores?
2. Why does he not mind not getting paid for cooking?
3. Why does he get paid more for cutting the lawn?
4. What happens when he has a friend to stay?
5. Why does Alba call him lucky?
6. Why does she have so many jobs?
7. What does she spend her money on?
8. Why is Iván unable to save anything?

Vocabulario
Tender la ropa = to hang out the laundry
Ahorrar = to save
Gastar = to spend

Exercise 1.18

¡Escribe!
¿En qué gastas tu dinero?
Write a short paragraph of 50-70 words, explaining what you spend your money on, and how much you spend. Also state how much you are able to save.

Exercise 1.19

CD 13-15

¡Escucha!
Escucha estas tres conversaciones telefónicas y luego toma apuntes abajo:

	ALBA	MARTA	PEPA
Día:			
Actividad:			
Lugar donde quedan:			
Hora:			
¿Aceptan, sí o no?:			

Exercise 1.20

¡Escribe, y, luego, habla!

Working with a partner, invent a short telephone conversation between two friends, using the dialogues in Exercise 1.19 as a model. The caller should issue a social invitation to the friend, and information should be provided in terms of where to meet, when, and why.

CD 16

Exercise 1.21

¡Lee!

Lee esta conversación entre Jorge y Manolo, y, luego, coloca las palabras de abajo en el sitio correcto. Luego, escucha el CD para comprobar si tus respuestas son correctas

vi	suerte	bailamos	voy	nueva
van	hicisteis	gusta	pasasteis	fuimos

Manolo: Hola, Jorge, ¿qué tal? ¿Cómo …….. las cosas con Elena?
Jorge: Ya no la veo. Tengo una novia ……..
Manolo: Hombre, ¡qué bien! ¡Enhorabuena! ¿Qué tal con ella?
Jorge: Pues, muy bien. La …….. anoche.
Manolo: ¿Qué tal lo ……..?
Jorge: Divinamente.
Manolo: ¿Qué ……..?
Jorge: …….. al concierto de David Bisbal.
Manolo: ¡Qué ……..! ¿Qué tal?
Jorge: Una maravilla. Y luego, fuimos a una discoteca y …….. hasta las cuatro.
Manolo: ¿Os lleváis bien, entonces?
Jorge: Muy bien. Es una chica fantástica. La …….. a ver otra vez esta noche.
Manolo: Vaya. ¿Te …….. mucho, no?
Jorge: Pues, sí.

Exercise 1.22

¡Escribe!

Using the preterite tense, write a brief account of Jorge and Alba's outing.

You could begin:
Jorge y Alba quedaron a las ocho en 'Bar Manolo'.

CD 17

Exercise 1.23

¡Escucha!

Escucha esta conversación entre Juan, el padre de Elena, y otra persona. Después, contesta las preguntas de abajo:

1. ¿Quién llama?
2. ¿Qué quiere?
3. ¿Por qué Juan dice 'lo siento'?
4. ¿Qué mensaje deja?

Exercise 1.24

¡Lee!
Lee esta carta y luego contesta las preguntas de abajo:

Querido Jorge:

Te escribo para darte las gracias por lo del concierto. Fue fantástico. Me encantó el concierto, y lo pasé bomba en la discoteca después. Muchas gracias por tu generosidad.

También te escribo para decirte que necesito un poco de tiempo para pensar en lo nuestro. Acabamos de conocernos y no quiero ir demasiado rápido. Me caes muy bien como amigo, pero no estoy segura de si quiero ser tu novia.

No voy a poder hablar contigo durante los próximos dos o tres días porque voy a Córdoba en un viaje de estudios. Te llamaré cuando vuelva.

Con mucho cariño

Alba

1. What is the first reason Alba gives for writing?
2. What is the second reason?
3. Why will Alba be unable to speak to Jorge in the next few days?

Vocabulario
Lo nuestro = our relationship
Un viaje de estudios = a study trip

Exercise 1.25

¡Escribe!
Traduce la carta de Alba al inglés.

Opening and closing a formal letter

You should be reasonably well-versed by now in how to open and close an informal letter. Let us now remind ourselves of how to do this in a more formal context:

When the person is not personally known to you

OPENING	CLOSING
Estimado señor/a:	Le saluda atentamente

When the person is known to you, but the relationship is still reasonably formal

OPENING	CLOSING
Estimado señor (Márquez):	Reciba un cordial saludo de

Exercise 1.26

¡Escribe!

Imagining you are Pepa, write a thank-you letter to Iván, following his invitation to dinner the other day. You should express your appreciation and state what you particularly liked about the meal. You should also include information about where you would like to go on the next outing. Aim to write 70-100 words.

Exercise 1.27

¡Lee!

Lee esta carta y luego decide si las frases son verdaderas o falsas:

> Estimado señor:
>
> Me dirijo a usted para solicitarle un empleo en su empresa. Estoy dispuesto a realizar cualquier tipo de trabajo, y no tendría que pagarme.
>
> Soy estudiante de español, y quisiera mejorar mi nivel. Además, me gustaría trabajar en el mundo de la publicidad en el futuro.
>
> Soy muy trabajador y tengo muchas ganas de aprender cosas nuevas. Además, hablo inglés, francés perfectamente, y hablo bastante alemán.
>
> Voy a estar en Madrid con mi familia para Semana Santa, así que si usted está en la ciudad en estas fechas, tal vez nos podamos ver.
>
> Le agradezco de antemano cualquier ayuda que pueda prestarme.
>
> Le saluda atentamente
>
> John Charles

¿Verdadero o falso?

1. John trabajaría gratis.
2. Habla tres idiomas perfectamente.
3. Va a estar en Madrid en diciembre.

Vocabulario
Dirigirse a = to write to (in formal letter)
La empresa = the company
Realizar = to carry out
La publicidad = advertising
De antemano = in advance
Prestar = to lend, to give

Exercise 1.28

¡Escribe!

Imagine that you want to go to Spain in the holidays for work experience. Write a formal letter, which should contain the following information:

1. why you are writing the letter;
2. why you would like to work in the environment you have chosen;
3. what you are like as a person.

CD 18

Exercise 1.29

¡Escucha!

Escucha esta conversación telefónica entre Jorge y Alba y luego contesta las preguntas de abajo:

1. When did Alba return?
2. What are her impressions of Córdoba?
3. What does Jorge initially invite Alba to do?
4. What is her reaction, and why?
5. What is Jorge's next suggestion?
6. What excuse does Alba give?
7. When does Jorge suggest he next get in touch, and how is this greeted?

Exercise 1.30

¡Escribe y luego habla!

Working in pairs, and using Exercise 1.29 as a model, invent a dialogue between two friends, one of whom makes several suggestions in terms of going out, whilst the other is unable to go and provides appropriate excuses in each case.

Vocabulario 1.2

La afición = the hobby, pastime, fondness
Ahorrar = to save (money)
Al fin y al cabo = when all's said and done
Caer bien = to like (a person)
Casero = homemade
El compositor = the composer
De antemano = in advance
Dirigirse a = to write to (formal letter)
Divinamente = beautifully, fantastically
La empresa = the company, firm
En cambio = on the other hand
Equivocarse = to be wrong
Gastar = to spend (money)
Lo nuestro = our relationship
La pocilga = the pigsty
La privacidad = the privacy
La publicidad = advertising
¡Qué cara! = what a nerve!
Prestar = to lend, give
Realizar = to carry out
Sacar buenas notas = to get good marks, grades
Ser aficionado a = to be fond of, keen on
Tacaño = stingy
Tender la ropa = to hang out the laundry
El viaje de estudios = the study trip

Summary of unit

You should now be able to: understand and describe positive and negative character traits in yourselves and friends; understand and express points of view about friendship; understand, discuss and write about what you do or do not do around the home, about your pocket money and how you spend it; use appropriate language when making telephone calls; write informal and formal thank-you letters.

UNIT 2 | Los medios de comunicación

About the unit

In this unit you will learn to talk and write about the media, expressing your opinions. You will learn to compare how things used to be with how they are now.

New language content:

- irregular comparatives and superlatives
- tan + adjective + como/tanto como
- suffix –ísimo
- imperfect tense

New contexts:

- different media (TV, newspapers, advertising, films)
- understanding reviews
- reading for pleasure

La televisión

A film – una película

A soap – una telenovela/un culebrón

Sports programme – un programa de deportes

News – las noticias/el telediario

Documentary – un documental

Cartoon – los dibujos animados

Talk show – programa de entrevistas

Game show – el concurso

Exercise 2.1

¡Lee!

Lee la programación de televisión de abajo y luego contesta las preguntas:

TVE – 1	TVE-2	Antena 3
13.30 La cocina de Karlos Arguiñano.	**12.50** Los lunnis. Programa infantil.	**14.00** Los Simpson. (Subtitulado para sordos).
14.00 Informativo territorial.	**14.50** Operación Triunfo. Resumen.	**15.00** Antena 3 Noticias 1 (incluye información meteorológica)
14.30 Corazón de otoño. Los famosos, su trabajo, sus vidas, ocio, etcétera. También habrá humor, belleza y moda.	**15.45** Grandes documentales. 'Animales en peligro. Candidatos a la extinción.'	**15.55** Sabor a ti.
15.00 Telediario 1.		
15.55 El tiempo.		
16.00 Luna negra. Telenovela.		
16.30 Gata salvaje. Telenovela.	**17.00** A su salud. 'Varices'.	**18.45** El diario de Patricia.
18.30 Cerca de ti. Territorial.	**19.00** Informativo	
20.00 Gente. Crónica de sucesos y noticias del mundo de los famosos.	**20.00** Ciclismo.	**20.00** Pasapalabra. Concurso. (Subtitulado para sordos).

Contesta estas preguntas:

1. ¿Cuándo hay un programa para niños?
2. Para la gente que no puede oír, ¿qué programa(s) hay?
3. ¿Cuándo ponen las noticias generales, y en qué canal(es)?
4. Si a la gente le interesa la vida de los famosos, ¿cuándo tienen que ver la televisión?
5. ¿Entre qué horas se pueden ver culebrones?
6. Si a la gente le gusta el deporte, ¿qué programa(s) hay?

Vocabulario
Sordo = deaf
Subtitulado = with subtitles
El ocio = free time
Salvaje = wild
La crónica = the news report, feature
El suceso = the event
Oír = to hear

Exercise 2.2

¡Escribe!

Now invent your own evening television schedule for your own television channel. You should include and specify several types of TV programme, and, where appropriate, give the programmes a name. For example, if you include a soap opera (telenovela), give it a Spanish name. You should provide a schedule between 6 p.m. and midnight, and the programmes should have different duration times.

CD 19

Exercise 2.3

¡Escucha!

Escucha esta conversación entre Iván, Pepa y Javier sobre la televisión y luego pon la información correcta en los huecos de abajo:

Vocabulario
Chillar = to scream
Inofensivo = inoffensive
El guión = the script
'Urgencias' = 'E.R.' (TV programme)
No poder soportar = not to be able to stand
Tan (+ adjetivo) = so (+ adjective)
Deprimente = depressing

	PEPA	IVÁN	JAVIER
Le gusta(n):	....	....	....
	....	....	....
No le gusta(n):	....	....	....
	....	....	....
Le da(n) igual:	....	....	....
	....	....	....

Exercise 2.4

¡Escribe!

Write 20-30 words about what types of television programme you like, and why. Then write 20-30 words about the programmes you do not like at all, and explain why.

Lo + adjetivo

You may recall hearing the words lo bueno used by Javier when talking about soaps. This would be translated as 'the good thing', and this combination of lo + adjective is common in Spanish. Study the following examples:

Lo malo de las películas modernas es que son muy violentas.
Lo importante de esta vida es ser feliz.
Lo fundamental es estudiar mucho.

Now see whether you can translate these sentences into English.

Exercise 2.5

¡Escribe!
Usando los adjetivos de abajo, inventa cinco frases:

Ejemplo:
Lo mejor de España es la gente.
The best thing about Spain is the people.

1. Bueno
2. Malo
3. Mejor
4. Peor
5. Fundamental

Vocabulario
Amenazar con = to threaten
Un infarto = a heart-attack
Salir corriendo = to rush out
Atropellar = to knock over, knock down
Gravomente = seriously
Herido = injured
Lo sucedido = what had happened
Estar en coma = to be in a coma

Exercise 2.6

¡Lee!
Read today's storyline for 'Amor Peligroso', a new soap in Spain, and then answer the questions:

AMOR PELIGROSO

En el capítulo de hoy, Vanessa amenaza con matar a Mario, su ex-marido. Mario se va a Santa Cruz con su hija, Marta, para ver a sus padres. Cuando llega, descubre que su madre ha sufrido un infarto y que está en el hospital. Cuando llega al hospital, su madre le dice que Alfredo, el padre de Mario, la ha dejado. Mario se pone furioso y sale corriendo del hospital con Marta, diciendo que va a matar a su padre.

Al salir, un coche atropella a Mario y Marta, y los dos están gravemente heridos. Lola, la madre de Vanessa se entera de lo sucedido y llama a su hija. Vanessa decide ir a Santa Cruz. Cuando llega, ve que Mario está en coma, pero que Marta está mucho mejor. Decide llevarse a Marta a casa de su novio, Bernardo, en Santa Fe. Al llegar, descubre que Bernardo está con otra mujer. Va a la cocina y vuelve con un cuchillo...

Answer the following questions in English:

1. What is the relationship between Vanessa and Mario?
2. What does Mario's mother say to him when he arrives at the hospital?
3. What does Mario do as a result?
4. Who is Marta?
5. What does Vanessa find when she gets to Santa Cruz?
6. Who is Bernardo?
7. What does Vanessa discover when she gets back to Santa Fe?

Exercise 2.7

¡Escribe!
Using the storyline in Exercise 2.6, invent your own storyline for the next episode of 'Amor Peligroso'. You should aim to write 60-80 words, and can introduce new characters if you wish.

CD 20

Exercise 2.8

¡Escucha!
Escucha esta conversación entre Pepa y Sito sobre 'Amor Peligroso' y luego contesta las preguntas:

1. When did Sito start watching 'Amor Peligroso'?
2. Why did she decide to start watching it?
3. Why does Pepa think that Bernardo is worse than Vanessa?
4. Why does Pepa think that Vanessa will not kill Bernardo?
5. What is Pepa's suggestion at the end?

Vocabulario
Temer = to fear
Calculador = calculating

Exercise 2.9

¡Escucha, y, luego, escribe!
Listen to the CD again, make a note of as many comparisons as you can, and then write out as many sentences as you can using these comparisons.

Ejemplo:
'Amor Peligroso' es mejor que los otros culebrones.
Bernardo es más frío que Vanessa.

Exercise 2.10

¡Escribe!
Usando los cinco adjetivos de abajo, inventa cinco frases diferentes:

1. Divertido
2. Interesante
3. Emocionante
4. Gracioso
5. Entretenido

Ejemplo:
Los culebrones son más entretenidos que los documentales.

Vocabulario
Entretenido = entertaining

The superlative adjective

In the dialogue between Pepa and Sito, you may have noticed two examples of the superlative adjective: adjectives that end in –ísimo:

El episodio era interesantísimo.
Bernardo es malísimo.

These sentences could be translated:

The episode was really interesting.
Bernardo is extremely bad.

As you can see, this type of superlative is formed by removing the final vowel and replacing it with –ísimo.

Exercise 2.11

¡Escribe!
Usando los cinco adjetivos en Exercise 2.10, inventa cinco frases distintas usando el superlativo.

Ejemplo:
El partido entre Inglaterra y Australia fue emocionantísimo.
The match between England and Australia was incredibly exciting.

CD 21

The imperfect tense

You will no doubt enjoy this one, as it is one of the easiest tenses in Spanish in terms of how it is formed. There are only three irregular verbs, and one of those is only just irregular. You may remember this from Book 2. Here is a reminder of how it works:

Regular –ar verbs: remove the –ar from the infinitive and add these endings:

	Singular	Plural
1st person	-aba	-ábamos
2nd person	-abas	-abais
3rd person	-aba	-aban

Ejemplo:

HABLAR	Singular	Plural
1st person	Hablaba	Hablábamos
2nd person	Hablabas	Hablabais
3rd person	Hablaba	Hablaban

Regular –er and –ir verbs: remove the –er/ir from the infinitive and add these endings:

	Singular	Plural
1st person	-ía	-íamos
2nd person	-ías	-íais
3rd person	-ía	-ían

Ejemplos:

	COMER		ESCRIBIR	
	Singular	**Plural**	**Singular**	**Plural**
1st person	comía	comíamos	escribía	escribíamos
2nd person	comías	comíais	escribías	escribíais
3rd person	comía	comían	escribía	escribían

The three irregular verbs are ser, ir and ver:

	SER		IR		VER	
	Singular	**Plural**	**Singular**	**Plural**	**Singular**	**Plural**
1st person	era	éramos	iba	íbamos	veía	veíamos
2nd person	eras	erais	ibas	ibais	veías	veíais
3rd person	era	eran	iba	iban	veía	veían

The imperfect tense is used to express:

1. Past descriptions (of people, places etc)

Ejemplos:
Bernardo era un hombre malísimo = Bernardo was a very bad man.
Vanessa tenía el pelo rubio = Vanessa had blond hair.
Santa Cruz era una ciudad pequeña = Santa Cruz was a small city.

2. Habitual actions, i.e. actions that happened regularly

Ejemplos:
Mario iba a ver a sus padres cada sábado = Mario went to see his parents each Saturday.
Se bañaban todos los días = they went swimming every day.

3. Interrupted action, i.e. what was already happening when something else occurred.

Ejemplos:
Bernardo hablaba con otra mujer cuando Vanessa entró en la casa = Bernardo was talking to another woman when Vanessa entered the house.

Pepa veía el culebrón cuando Iván llamó por teléfono = Pepa was watching the soap when Iván telephoned.

You will see, in each use of the imperfect above, there is a sense of something going on over a period of time, rather than something finite.

Exercise 2.12

¡Escribe!
Traduce las frases de abajo al español:

1. She was tall, beautiful and intelligent.
2. My father had blond hair and blue eyes.
3. Jorge was eating a sandwich when his mother came in.
4. I was reading the newspaper when my friend called
5. We went to the beach every day.
6. He used to get up really late.

Exercise 2.13

¡Escribe!
Now write down why you have used the imperfect in each of the sentences in Exercise 2.12.

Exercise 2.14

¡Escribe!
Using the words provided, complete the text overleaf. It is the beginning of the storyline for the next episode of 'Amor peligroso'. However, as you will see, the text provides a summary of what **happened**. You therefore need to choose whether to use the imperfect or the preterite tense.

Words to be inserted:

se puso	llevaba
iba	estaba (x3)
vio	era
dijo	entró
salió	volvió
cogió (x3)	tenía (x3)
fue	se abalanzó
logró	

Vocabulario
Mono = pretty, cute
Abalanzarse sobre = to hurl oneself at
Lograr = to manage to
Esquivar = to avoid
Tendido = lying down
Llevarse a = to carry off/away

Cuando Vanessa.......... en el salón, Bernardo ....con otra mujer, Isabel. Isabel .... una mujer guapísima. ....el pelo largo y rubio, y .... unos ojos preciosos. .... un tipo fabuloso, y........ un bikini monísimo. Cuando la .... Vanessa, ... enfadadísima. .... a la cocina y........ un cuchillo. Cuando .... al salón, Isabel no .... Vanessa le .... a Bernardo que le .... a matar, y........ sobre él. Bernardo .... esquivarla, y .... el cuchillo. Tiró a Vanessa al suelo , ... a Marta, y, mientras Vanessa .... todavía tendida en el suelo, ... corriendo de la casa, llevándose a Marta.

Vocabulario 2.1

Abalanzarse sobre = to hurl oneself at
Amenazar con = to threaten to
Atropellar = to knock over
Calculador = calculating
Chillar = to scream
La crónica = the news report, feature
Deprimente = depressing
Los dibujos animados = the cartoons
El documental = the documentary
Entretenido = entertaining
Esquivar = to avoid
Estar en coma = to be in a coma
Gravemente = seriously
El guión = the script
Herido = injured
El infarto = the heart attack
Inofensivo = inoffensive
Llevarse a = to take away
Lo sucedido = what had happened
Lograr = to manage to
Mono = pretty, cute
Las noticias = the news
El ocio = the leisure, free time
Poder soportar = to be able to stand
Salir corriendo = to rush out
Salvaje = wild
Sordo = deaf
Subtitulado = subtitled
El suceso = the event
Tan = so (with adjective)
Temer = to fear
Tendido = lying down
'Urgencias' = 'E.R.' (TV programme)

Exercise 2.15

¡Escribe!

Now invent five sentences of your own, with each one combining one use of the imperfect with one use of the preterite:

Ejemplo:
Estaba haciendo mis deberes cuando sonó el teléfono.
I was doing my homework when the telephone rang.

Exercise 2.16

CD 22

¡Escucha!

Escucha esta conversación entre Pepe y un policía en la comisaría sobre un incidente que ocurrió en la playa. Luego, contesta las preguntas de abajo:

1. ¿Por qué está Pepe en la comisaría?
2. ¿Con quién fue a la playa?
3. ¿De dónde era la pareja que estaba al lado de ellos?
4. ¿Cómo pasaron el día?
5. ¿Cuándo y dónde comieron?
6. ¿Qué hizo Pepe con la mochila?
7. ¿Qué encontró cuando volvió después de comer?
8. ¿Qué había en la mochila?
9. ¿Cuál era el valor en total de estas dos cosas?
10. ¿Cómo era la mujer extranjera?
11. ¿Cómo era el hombre?

Vocabulario
La comisaría = the police station
Denunciar = to report
Un robo = a robbery
Una tumbona = a sunbed
Un chiringuito = a beach-bar
Vigilar = to watch
El seguro = the insurance
El tatuaje = the tattoo
Una mariposa = a butterfly
El hombro = the shoulder
El pendiente = the earring

Exercise 2.17

¡Escucha, y escribe!
Now listen to the tape again and make a list of all the different examples of the imperfect and preterite tense.

CD 23

Exercise 2.18

¡Lee!
Lee esta conversación entre Luisa y su abuela y luego contesta las preguntas de abajo:

Luisa: Abuela, ¿cómo era la vida cuando tú eras pequeña?
Abuela: La vida era totalmente diferente, hija. Ha cambiado todo muchísimo.
Luisa: ¿Cómo qué?
Abuela: Bueno, había mucha pobreza. Nosotros no teníamos las cosas que tenéis hoy en día. No teníamos juguetes, no había televisión, claro. Mis tres hermanas y yo dormíamos en la misma cama. No había la libertad que hay ahora. Yo me acuerdo que cuando yo tenía dieciocho años, y tenía un novio, no podíamos ir a ninguna parte sin mi madre. Y cuando murió mi padre, tenía que llevar ropa negra durante dos años.
Luisa: ¿De qué murió tu padre?
Abuela: Una enfermedad. No estoy completamente segura. Tampoco había el tratamiento médico que tenemos hoy en día.
Luisa: ¿Y crees que la gente era más feliz?
Abuela: No sé. La vida era más sencilla, claro. Nos conformábamos con mucho menos.
Luisa: ¿Qué hacíais en Navidad?
Abuela: En Navidad, siempre estaba triste, porque mi padre murió muy joven, y no estaba con nosotros. Solíamos ir a casa de mi tío Lucas la noche de Nochebuena y cenábamos allí.
Luisa: ¿Qué comíais?
Abuela: Bueno, no teníamos mucho dinero, así que siempre comíamos platos sencillos.
Luisa: ¿Tomabais champán?
Abuela: No, hija, no. No había dinero para eso.
Luisa: ¿Y qué hacíais para Reyes?
Abuela: Solíamos salir a ver la cabalgata.
Luisa: Entonces, ¿eso no ha cambiado?
Abuela: No, hija, esa costumbre no ha cambiado. Menos mal.

Vocabulario
La pobreza = the poverty
El juguete = the toy
La libertad = the freedom
El tratamiento = the treatment
Sencillo = simple
Conformarse con = to make do with
El champán = the champagne
'Reyes' = the Epiphany (the night of January 5th and morning of January 6th, when Christmas presents are traditionally received in Spain)
La cabalgata = the parade/procession

¡Contesta!

1. ¿Qué ejemplos da la abuela para demostrar que la gente era más pobre antes?
2. ¿Qué ejemplos da para demostrar que no había tanta libertad?
3. ¿Por qué estaba triste la abuela en Navidad?
4. ¿Qué solían hacer la noche de Nochebuena?
5. ¿Por qué no tomaban champán?
6. ¿Qué costumbre no ha cambiado?

Exercise 2.19

CD 24

Imperfect v preterite? The dialogue below requires you to decide whether to use the imperfect or the preterite. Above all, you need to ask yourself whether the action or description has some degree of continuity to it (therefore imperfect), or whether it constitutes a finite action (therefore preterite).

¡Escribe!
Traduce el diálogo de abajo al español:

Agente:	Where were you when the accident happened?
María:	I was eating in an Italian restaurant
Agente:	What happened?
María:	I heard a really loud noise, and went out.
Agente:	What did you see?
María:	I saw a man who was lying on the road, and a car that was speeding off in the distance.
Agente:	What was it like?
María:	It was red.
Agente:	Is that all?
María:	It was a long way off. I couldn't see more.

Vocabulario
An accident = un accidente
Really loud = fortísimo
To be lying = estar tumbado
To speed off = irse a toda velocidad
In the distance = a lo lejos
A long way off = lejísimos

Exercise 2.20

¡Escribe y luego habla!

Using Exercise 2.19 as a model, invent a dialogue between a police officer and a witness to a crime/ accident. The police officer should try to determine what the witness **was** doing, where he/she **was** etc. The witness should respond with an appropriate reply. Each person should have at least five lines.

Exercise 2.21

¡Escribe!

Using a combination of the written activities and the pictures below, invent five sentences which link the imperfect and preterite tenses.

Ejemplo:
Jugábamos al tenis cuando empezó a llover.
We were playing tennis when it started to rain.

1. Hacer los deberes
2. Comer un bocadillo
3. Jugar al fútbol
4. Andar por la calle
5. Leer un libro

PONERSE A LLOVER

SONAR EL TELÉFONO

ENTRAR EL PERRO

ENTRAR MIS HERMANOS

VER A MI NOVIA

CD 25

Exercise 2.22

¡Lee!

Lee esta conversación y luego contesta las preguntas de abajo:

Señor Hierro:	Mucho gusto, Señor Baz. ¿Qué le parece nuestra agencia de publicidad?
Señor Baz:	Estoy muy impresionado. Tengo ganas de trabajar con ustedes.
Señor Hierro:	Nosotros también tenemos muchas ganas.
Señor Baz:	Como sabe, tenemos un detergente nuevo a punto de salir al mercado. ¿Cuál sería su estrategia en cuanto a la publicidad?
Señor Hierro:	Todo depende del presupuesto. Si se puede, la televisión es el mejor medio, obviamente. La gran ventaja es que muchísima gente ve los anuncios. El problema, como sabe, es que hace falta mucho dinero.
Señor Baz:	¿Y si usamos la prensa y la radio?
Señor Hierro:	Por supuesto. A mí, siempre me ha gustado la radio. Lo malo hoy en día es que hay muchísimas emisoras, pero lo bueno es que es mucho más barato. Las encuestas y los estudios dicen que es un medio muy eficaz.
Señor Baz:	Bueno, ¿cuál va a ser el próximo paso?
Señor Hierro:	Tiene que decidir el presupuesto para el nuevo producto y luego nosotros le propondremos una campaña.
Señor Baz:	¿Cuánto tiempo van a tardar en hacer eso?
Señor Hierro:	Nos harán falta un par de semanas. Para el aspecto creativo, necesitaremos bastante más tiempo.
Señor Baz:	Muy bien. Hablaremos pronto.

Contesta estas preguntas en inglés:

1. What is Señor Baz's impression of the agency?
2. What, according to Señor Hierro, are the advantages of advertising on television?
3. What are the disadvantages?
4. What are the pros and cons of advertising on the radio?
5. What is the next step in terms of advertising Señor Baz's new product?

Vocabulario

La agencia de publicidad = the advertising agency
El detergente = the washing-up liquid/soap powder
La estrategia = the strategy
El presupuesto = the budget
El medio = the medium
Obviamente = obviously
La ventaja = the advantage
El anuncio = the advertisement
La prensa = the press
La emisora = the radio station
El estudio = the study
Eficaz = efficient
El paso = the step
Proponer = to propose
La campaña = the campaign
Nos harán falta = we will need
Hablaremos = we will talk

CD 26

Exercise 2.23

¡Escucha!
Escucha este anuncio en la radio y luego contesta las preguntas de abajo:

¡Contesta!

1. ¿Cuántas veces ha fregado Juan antes?
2. Juan dice que 'Baz' friega de maravilla. ¿Por qué otra razón le gusta tanto?
3. ¿Cuál es la reacción de Juan cuando su mujer le dice que ponen el partido entre Real Madrid y Barcelona en la televisión?

Vocabulario
Estar a gusto = to feel good, at ease
Darse cuenta de que = to realise
De maravilla = brilliantly
Oler = to smell

Exercise 2.24

¡Escribe, y, luego, habla!
Using the advert in Exercise 2.23 as a model, working in pairs, invent your own radio advertisement for a product of your own choosing. Each character should have at least 5 lines.

Exercise 2.25

¡Lee!
Lee esta crítica de una película y luego traduce al inglés:

TELE 5

Comedia
15.40 **Somos los mejores** (Estados Unidos 1999)
Director: Holly Jones
Intérpretes: Martin Gallo, Luke Best, Violeta Martín
De nuevo, otra comedia estadounidense mediocre. Esta vez, la historia gira en torno a un cura que trata de llevar por el buen camino a una panda de presos bastante malos. El baloncesto parece ser la solución. Los presos, según el título, son los mejores. Por desgracia, el filme no es tan bueno.

Vocabulario
El intérprete = the actor
De nuevo = again
La comedia = the comedy
Estadounidense = american
Girar en torno a = to revolve around
Un cura = a priest
Llevar por el buen camino = to 'straighten someone out'
Una panda de = a group/gang of
El preso = the prisoner
Por desgracia = unfortunately
El filme = the film

Exercise 2.26

¡Escribe!
Now invent your own film title, and write a brief review of it, using Exercise 2.25 as a model. You should include the 'nationality' of the film, an imaginary director and stars, and details of when and on which channel it is being shown.

Exercise 2.27

¡Escribe!

Using 100-140 words, write a short imaginary biography of the director you have named in Exercise 2.26. You should include information about their childhood and early career, e.g. Nació en Inglaterra hace cincuenta años. Vivía en un pueblo muy pequeño con su madre y sus tres hermanos etc. Try to use both the preterite and the imperfect. You should end by saying what the person concerned is doing now.

Vocabulario 2.2

A lo lejos = in the distance
El accidente = the accident
La agencia de publicidad = the advertising agency
El anuncio = the advertisement
La cabalgata = the parade, procession (on January 5th)
La campaña = the campaign
El champán = the champagne
El chiringuito = the beach bar
La comedia = the comedy
La comisaría = the police station
Conformarse = to make do
El cura = the priest
Darse cuenta de que = to realise
De maravilla = brilliantly
De nuevo = again
Denunciar = to report (a crime, incident etc)
El detergente = the washing-up liquid/washing powder
La emisora = the radio station
Estadounidense = American
Estar a gusto = to feel good, at ease
Estar tumbado = to be lying down
La estrategia = the strategy
El estudio = the study
El filme = the film
Fortísimo = very very loud/strong
Girar en torno a = to revolve around
Hablaremos = we will speak
El hombro = the shoulder
El intérprete = the actor
Irse a toda velocidad = to speed off
El juguete = the toy
Lejísimos = very far away
La libertad = the freedom
Llevar por el buen camino = to 'straighten someone out'
La mariposa = the butterfly
El medio = the medium
Nos hará falta = we will need
Oler = to smell
Una panda de = a group of
El paso = the step
El pendiente = the earring
La pobreza = the poverty
Por desgracia = unfortunately
La prensa = the press
El preso = the prisoner
El presupuesto = the budget
Proponer = to propose
'Reyes' = the Epiphany, i.e. the night of January 5th and morning of January 6th, when Christmas presents are traditionally received in Spain
El robo = the robbery
El seguro = the insurance
Sencillo = simple
El tatuaje = the tattoo
El tratamiento = the treatment
La tumbona = the sunbed
La ventaja = the advantage
Vigilar = to watch

Summary of unit

You should now be able to: understand spoken or written texts relating to different media; talk or write about the different media, stating preferences and giving reasons, using irregular forms of comparatives and superlatives; understand and use the imperfect tense and be able to use it in conjunction with the preterite across a wide range of contexts.

UNIT 3 | Nuestros proyectos

About the unit

In this unit you will learn to talk and write about how well you are doing at school. You will work further with the future tense which you will use to discuss plans and options for when you are older.

New language content:

- future tense (including some irregular verbs)
- ser and estar (differences and guidelines for usage)

New contexts:

- future plans
- option choices
- form-filling
- jobs

CD 27

Ser and Estar

You will be familiar by now with the fact that there are two verbs in Spanish for 'to be': Ser and Estar:

	Singular	Plural	Singular	Plural
1st person	soy	somos	estoy	estamos
2nd person	eres	sois	estás	estáis
3rd person	es	son	está	están

At this point, let's pause to clarify how these two verbs are used.

Ser: Usages

1. The most common use of the verb ser is to denote characteristics that are inherent and are therefore permanent.

   Consider these examples:

   Juan es perezoso = Juan is lazy
   Yo soy alto = I am tall
   Somos muy inteligentes = we are very intelligent
   El reloj es de oro = the watch is made of gold

   These characteristics are inherent, and, as such, are not changeable.

2. For the same reason, ser is used to denote origin.

   Consider these examples:

   Miguel vive en Londres, pero es de Madrid = Miguel lives in London, but he's from Madrid
   Miguel es español = Miguel is Spanish

   Miguel may well live in different locations throughout his life, but he will **always** be from Madrid. He will always be Spanish – that cannot change.

Exercise 3.1

¡Lee!

Let's now take another look at an exercise from Unit 1 of Book 2, and see whether you can spot and underline all the different examples of ser which conform to the guidelines outlined above:

Londres, 18 de mayo

Querida Mari-Angeles:

Hola, ¿qué tal? Yo me llamo Julia. Soy inglesa, tengo quince años, y soy la hija de unos amigos de tus padres. Resulta que me interesa mucho la idea de hacer un intercambio con un chico o una chica de mi edad. A ver si describo cómo soy y lo que me gusta y no me gusta, y luego podemos ver si tenemos los mismos gustos o no. Soy bastante alta con el pelo rubio y los ojos azules. ¿Cómo eres tú? Vivo con mis padres y mi hermano, Fabian, en una casa bastante grande en las afueras de Londres. ¿Dónde vives tú y qué te parece? ¿Cómo te llevas con tu familia? Yo me llevo muy bien con mis padres porque son muy tolerantes, pero me llevo fatal con Fabian. Es mucho más inteligente que yo, pero bastante más antipático. Si tienes hermanos ¿cómo son? A mí, me encanta ir al cine y salir con mis amigos los fines de semana. No soy muy deportista pero me gusta esquiar. Me gusta muchísimo viajar, y mi país favorito es España que conozco mucho porque mi madre es de Sevilla. Estoy loca por las telenovelas en la televisión. Me gusta mucho comprar ropa y música, pero no me gusta tener que ir al supermercado con mi madre para hacer la compra. Tampoco me gusta tener que ir de vacaciones con mi hermano. ¡Qué horror! Cuéntame lo que te gusta hacer a ti, y, también, lo que no te gusta. ¿Cuál es tu país favorito?

Bueno, tengo muchas ganas de conocerte mejor. A ver si me contestas pronto.

Un abrazo muy fuerte.

Julia

Exercise 3.2

¡Escribe!

Using approximately 40-60 words, using the verb ser, write a description of yourself and other members of your family.

Ejemplo:

Yo soy alto, guapísimo, muy inteligente y, por supuesto, muy modesto. Mi hermana es feísima etc.

Exercise 3.3

¡Escribe!
Using the verb ser, fill in the gaps with the correct part of the verb:

1. Jorge........de España.
2. Él y sus padres........españoles.
3. Nosotros........altos.
4. Yo........guapo, inteligente y modesto.
5. ¿De dónde........vosotros?
6. Nosotros........de Italia.

Exercise 3.4

¡Escribe!
Traduce las frases de Exercise 3.3 al inglés, y explica por qué se usa ser en cada caso.

Ejemplo:
1. Jorge is from Spain – ser denotes **origin**.

Ser – More usages

We have already seen how ser is used to denote permanent characteristics and to denote origin. Here are three more usages to consider:

3. With nouns.
   Consider these examples:

   Es una carta = it is a letter
   Soy futbolista = I am a footballer
   Son estudiantes = they are students

Notice how the words carta, futbolista, estudiantes are all nouns.

4. To express ownership
   Consider these examples:

   Esta hamburguesa es mía = that hamburguer is mine
   Esa cerveza es suya = that beer is his

4. To express time and dates
   Consider these examples:

   Hoy es Nochebuena = today is Christmas Eve
   Son las doce menos cuarto = it's quarter to twelve

There are one or two other criteria for the use of ser, but you will deal with those in due course. The guidelines outlined so far certainly cover the principal uses of the verb.

Exercise 3.5

¡Escribe!
Using the verb ser, fill in the gaps with the correct form of the verb:

1. Mañana va a …….. Nochevieja.
2. ¿Qué hora ……..?
3. …….. las ocho y media.
4. Esa revista …….. de mi amiga española..
5. Yo …….. profesor.
6. Nosotros …….. actores.

Exercise 3.6

¡Escribe!
Traduce las frases de Exercise 3.5 al inglés, y explica por qué se usa ser en cada caso.

Estar: Usages

1. Estar is used to express the location or position of a given subject, whether a person or otherwise. Consider these examples:

   Mi novia está en la discoteca = my girlfriend's at the disco
   Madrid está en España = Madrid is in Spain
   Yo estoy en la plaza de toros = I'm at the bullring

2. Estar is used to describe status and conditions that are changeable, i.e. not permanent or inherent. Consider the following examples:

   Esta mañana estoy muy cansado = I'm very tired this morning
   El agua está caliente hoy = the water is hot today
   Elena está enfadada con Jorge = Elena is angry with Jorge

Exercise 3.7

¡Escribe!
Using the verb estar, fill in the gaps with the correct form of the verb:

1. Pepe …….. muy triste.
2. Mis amigos …….. contentos hoy.
3. Galicia …….. en el noroeste del país.
4. "Hola, Miguel. ¿Dónde ……..?"
5. "Yo ……. en la playa. Y tú, ¿dónde ……..?"
6. Sabrina y Marta …….. enfermas.

Exercise 3.8

¡Escribe!
Traduce las frases de Exercise 3.7 al inglés, y explica por qué se usa estar en cada caso.

Estar – more usages

We have seen how estar is used to express location and to describe conditions that are changable. Another use of estar is to create a continuous tense with the present participle.

Consider these examples:

Paco y Julio están jugando al fútbol = Paco and Julio are playing football
Yo estoy comiendo unas gambas = I'm eating some prawns

Están jugando al fútbol

Está comiendo unas gambas

Exercise 3.9

¡Escribe!
Using the verb estar, fill in the gaps with the correct form of the verb:

1. Yo …….. pensando en mi futuro.
2. Nosotros …….. estudiando mucho.
3. "Juan, ¿qué …….. haciendo?"
4. Pepa …….. bebiendo vino.

Exercise 3.10

¡Lee y luego escribe!

Read this e-mail from Marta to Kate, a girl whom she does not know, but whom she would like to share an exchange with. Fill in the gaps with the correct form of ser or estar.

> **Vocabulario**
> Sacar buenas notas = to get good marks/grades
> No se me dan bien = I'm no good at them, i.e. I perform badly
> Suspenso = a 'fail' mark/grade

nuevo mensaje

Enviar | Reenviar | Edición | Archivo adjunto | Correo | Herramientas | Ayuda

A: Kate
De: Marta

Asunto: Vacaciones

Hola Kate:

Yo ...... Marta. ...... de España, de Madrid. Creo que sabes que mi madre y la tuya ...... buenas amigas. Te ...... escribiendo porque ...... buscando a una chica con quien hacer un intercambio. A ver si te cuento unos detalles sobre mi vida aquí en Madrid: vivo con mis padres en una casa que ...... en las afueras de la ciudad. ...... bastante grande y bonita, y me gusta mucho. ¿Cómo ...... tu casa? ¿Cómo ...... tus padres? Los míos ...... muy simpáticos y tolerantes, sobre todo mi madre; ¡...... fantástica! Yo tengo muchos pasatiempos, pero sobre todo me gustan el cine y la música. Mi compositor favorito ...... Mozart. ¿Cuáles ...... tus pasatiempos preferidos? Tú, ¿cómo ......? A mí, no me gusta mucho el colegio. Tenemos exámenes ahora, y tengo que estudiar muchísimo. ...... muy cansada. Mis asignaturas favoritas ...... historia e inglés. Suelo sacar buenas notas. En cambio, las ciencias no se me dan bien. Siempre saco 'suspenso'. ¿Qué asignaturas se te dan bien a ti?
Ahora tengo que irme. ...... las nueve y media y vamos a salir a cenar.

Escríbeme pronto

Un abrazo

Marta

Exercise 3.11

¡Escribe!

Using approximately 90-120 words, write a response to Marta's e-mail. Try to use a combination of ser/estar.

Exercise 3.12

CD 28

¡Escucha!
Listen to Iván and Pepa talking about their performance in their exams, and then copy and fill in the grid below.

Vocabulario
Sobresaliente = outstanding, an 'A' grade, or A* at G.C.S.E.
Notable = a very good mark, i.e. a good 'B' grade
La lengua = Spanish language (as an academic subject)
¡Qué pesadilla! = what a nightmare!
La nota = mark/grade

	Iván	Pepa
Matemáticas:	Suspenso	Sobresaliente
Biología:	Suspenso	Sobresaliente
Química:	Suspenso	Sobresaliente
Geografía:	Notable	Notable
Lengua:	Suspenso	Suspenso
Inglés:	Sobresaliente	Suspenso

Exercise 3.13

¡Escucha!
Escucha la conversación entre Iván y Pepa otra vez y luego contesta esta preguntas:

1. ¿Por qué piensa Iván que ha sacado tan malas notas?
2. ¿Por qué no está muy contento con su nota en inglés?
3. ¿Qué trabajo quiere hacer Iván en el futuro?
4. ¿Qué trabajo quiere hacer Pepa?

Exercise 3.14

¡Escribe y luego habla!

Working in pairs, invent a dialogue between two students discussing how they performed in their recent exams. Each person should name three different subjects and give three different results, e.g. 'en historia saqué un sobresaliente, en francés un notable, y, en física un suspenso. ¿Y tú?' Each person should also state what job they would like to do in the future.

Exercise 3.15

CD 29

¡Lee!

Lee esta conversación entre Pedro y Jorge y luego contesta las preguntas:

Pedro:	Jorge, ¿qué vas a hacer en el futuro?
Jorge:	No estoy seguro. Me gustaría ser torero.
Pedro:	¿Torero? ¿Hablas en serio?
Jorge:	Claro. Pareces sorprendido.
Pedro:	Es que te veo un poco…
Jorge:	¿Gordo?
Pedro:	Pues sí. Para ser torero hay que estar en forma.
Jorge:	Ya lo sé. Me voy a poner a régimen otra vez.
Pedro:	¿Y por qué quieres ser torero?
Jorge:	Quiero ganar mucho dinero y conocer a muchas chicas guapas.
Pedro:	Entonces, ¿por qué no te gustaría ser un actor famoso?
Jorge:	Porque no sé actuar.
Pedro:	Tampoco sabes torear. Me parece un poco loco.
Jorge:	Ya veremos. Y tú, ¿qué vas a hacer?
Pedro:	Me gustaría ser abogado.
Jorge:	¿Por qué?
Pedro:	Yo también quiero ganar mucho dinero, pero, además me parece un trabajo muy útil.
Jorge:	Tendrás que estudiar muchísimo, ¿no?
Pedro:	Sí pero, hoy en día, cualquier carrera significa estudiar muchísimo.

Answer the following questions in English:

1. Why is Pedro surprised about Jorge's choice of profession?
2. What is Jorge going to do in order to become a bullfighter?
3. Why does he want to become a bullfighter?
4. What does Pedro think of Jorge's idea?
5. What is Pedro's response when Jorge points out that he will have to work very, very hard?

Vocabulario
El torero = the bullfighter
Ya veremos = we'll see
Tendrás que = you will have to
Cualquier = any
La carrera = the career

The future indicative

You are already familiar with the compound/immediate future, i.e. ir + a + infinitivo. Indeed, you will have spotted several uses of this tense in Exercise 3.16. You may have spotted the use of the future indicative. The difference between the two is illustrated by these sentences:

Voy a hablar con mi madre = I'm **going to** speak to my mother
Hablaré con mi madre = I **will** speak to my mother

The future indicative is **normally** formed by taking the infinitive as a stem and adding the following endings:

	Singular	**Plural**
1st person	-é	-emos
2nd person	-ás	-éis
3rd person	-á	-án

So, a verb such as hablar would decline as follows:

	Singular	**Plural**
1st person	hablaré	hablaremos
2nd person	hablarás	hablaréis
3rd person	hablará	hablarán

All verbs have the same endings in the future indicative, but there are some (such as tener) that have an irregular stem. You will deal with these more in due course.

Exercise 3.16

¡Escribe!
Complete the six sentences below using one of the following verbs in its correct form of the future indicative tense:

Estudiar	Jugar	Bailar
Bañarse	Comer	Tocar

1. Yo .... al fútbol el sábado.
2. Nosotros .... mucho para los exámenes.
3. ¿Usted .... la guitarra mañana?
4. Juan y Eva .... en el mar el domingo.
5. ¿Vosotros .... en la discoteca?
6. Tú .... con nosotros mañana en el restaurante, ¿verdad?

Exercise 3.17

¡Escribe!
Traduce las frases de Exercise 3.16 al inglés.

Exercise 3.18

¡Escribe y luego habla!

Usando los verbos de abajo, inventa 5 frases con el futuro.

1. Trabajar
2. Sacar buenas notas
3. Comprar
4. Volver
5. Ir

Ejemplo:

En el futuro trabajará como abogado = in the future he will work as a lawyer

Vocabulario

Estresante = stressful
La competencia = the competition
El inconveniente = the disadvantage
Por un lado = on the one hand
Por otro lado = on the other hand
Peligroso = dangerous
El trato = the contact/dealings with

Exercise 3.19

CD 31

¡Escucha!

Listen to Rafael, Marta, Alba and Raúl talking about what jobs they would like to do in the future and take notes below in order to answer questions from the teacher afterwards.

POLICÍA

FUTBOLISTA

ENFERMERA

TORERO

MÉDICO

	Marta	Rafael	Alba	Raúl
¿Qué quiere ser?				
¿Ventajas?				
¿Inconvenientes?				

Vocabulario 3.1
La carrera = the career
La competencia = the competition (rivalry)
Cualquier = any (adj.)
Estresante = stressful
El inconveniente = the disadvantage
La lengua = Spanish language (as an academic subject)
No se me dan bien = I'm not good at, i.e. I perform badly
La nota = the mark, grade
Notable = a very good mark, e.g. a 'B' grade
Peligroso = dangerous
Por un lado = on the one hand
Por otro lado = on the other hand
¡Qué pesadilla! = what a nightmare!
Sacar buenas notas = to get good marks, grades
Sobresaliente = outstanding, an 'A' grade, or A* at G.C.S.E.
Suspenso = fail
Tendrás que = you will have to
El torero = the bullfighter
El trato = the contact/dealings with
Ya veremos = we'll see

Exercise 3.20

¡Escribe y luego habla!
Consider the merits of the four professions referred to in Exercise 3.19, and then, in Spanish, write a short justification of which you personally think is best and why.

Exercise 3.21

¡Escribe y luego habla!
Working in pairs, invent a short dialogue between two friends discussing their future career plans. As in Exercise 3.19, both the pros and cons of each job should be mentioned.

Exercise 3.22

¡Escribe!
¡El mejor trabajo del mundo!
Using approximately 25-50 words, write a short account of what you think is the best job in the world and why.

Ejemplo:
Yo creo que el mejor trabajo del mundo es el de estrella del cine. Se viaja mucho, se gana mucho dinero etc.

El trabajo

Thankfully, you are not yet in a position whereby you have to start thinking about full-time careers and sending off CVs, but it is a useful discipline to be able to understand and fill out a form. Take a look at the CV form below, and use it to help you complete Exercise 3.23.

CURRICULUM VITAE

NOMBRE Y APELLIDOS	Miguel Durán Durán
DOMICILIO	Urbanización Las Flores, 4 18006 Granada
TELÉFONO	958 135792
FECHA DE NACIMIENTO	16 de abril de 1986
ESTADO CIVIL	soltero
NACIONALIDAD	española
ESTUDIOS	
1998-2004	ESO/Bachillerato (médico-sanitaria), Instituto Morillas, Granada
EXPERIENCIA PROFESIONAL	
Mayo-septiembre 2004	Ayudante de laboratorio Hospital Virgen de Las Nieves Granada
INFORMACIÓN COMPLEMENTARIA	Aficionado a los deportes, el cine, el teatro. Dominio del inglés

ESO stands for 'Educación Secundaria Obligatoria'. It is studied between the ages of 12-16 and has replaced the old 'Bachillerato Elemental'. The two remaining years at secondary school (similar to our A level course) were known as 'Bachillerato Superior', but are now called simply 'Bachillerato'.

Vocabulario
Soltero = single/batchelor
El ayudante = the helper
El laboratorio = the laboratory
Información complementaria = additional information
El dominio = the command

Exercise 3.23

¡Escribe!
Using the CV model, write out (with Spanish headings, i.e. NOMBRE/APELLIDOS etc.) your own personalised CV form. If you do not have any work experience, either resort to fiction, or simply write 'nada'. As far as 'Estudios' are concerned, just write down what course you are currently doing.

CD 32

Exercise 3.24

¡Lee!

Lee esta conversación entre Iván y su amigo inglés, Luke y luego contesta las preguntas.

Luke: Dime, Iván, ¿qué vas a estudiar el año que viene?

Iván: Todavía no lo tengo claro. Me gustaría elegir ciencias, pero he suspendido algunos exámenes importantes y los tengo que repetir. ¿Y tú?

Luke: Ahora mismo estoy estudiando para mis exámenes de G.C.S.E. Si los apruebo, puedo elegir tres o cuatro asignaturas para 'A level'.

Iván: ¿Y qué te gustaría estudiar?

Luke: Los idiomas, puesto que se me dan muy bien, y, tal vez, inglés e historia. Yo tampoco lo tengo totalmente claro, porque esta combinación va a significar muchísimo trabajo. Tendré que escribir muchas redacciones. Sin embargo, creo que voy a hacer cuatro ya que, hoy en día, eso es normal, y, si quiero entrar en una buena universidad, me harán falta cuatro.

Iván: ¿A qué universidad irás?

Luke: No lo sé, pero como vivo en Londres, me gustaría ir a una universidad en otra ciudad. Me apetece conocer otro sitio, y, también estar lejos de mis padres. Mucha gente hace eso.

Iván: Yo te entiendo; los jóvenes en Inglaterra dejan el nido cuanto antes. Aquí es diferente. La gente suele ir a la universidad que hay en su ciudad. El inconveniente es que tendré que vivir con mis padres. La ventaja más grande es que voy a tener muy pocos gastos: ni alquiler, ni comida, ni teléfono.......

Luke: Es verdad, pero para mí, lo más importante es mi independencia.

Iván: Para mí lo más importante es mi monedero.

Answer the following questions in English:

1. Why is Iván's choice of subject for next year still uncertain?
2. What is the problem with Luke's preferred choice of subjects for A level?
3. Why does he feel he has to study four subjects at A level?
4. Why does Luke prefer to go to a university away from London?
5. What difference does Iván observe as regards students' choice of university in England and Spain?
6. What are the advantages for Iván of living at home while he pursues a University course?
7. What different priorities do Iván and Luke have?

Vocabulario

Repetir = to repeat/redo/re-sit (an exam)
La redacción = the essay
Me harán falta = I'll need
Dejar el nido = to flee the nest
Cuanto antes = as soon as possible
Los gastos = the costs/expenses
El alquiler = the rent
La independencia = the independence
El monedero = the wallet/purse

Exercise 3.25

¡Lee!

Now go back through Exercise 3.24 and make a list of all the different uses of verbs in specific tenses. Do not worry about imperatives or infinitives. The first example would therefore be in the first line:

¿Qué vas a estudiar? (immediate future)

CD 33

Two irregular verbs in the future

We have established that to form the future indicative, the stem is normally the infinitive followed by these endings:

	Singular	Plural
1st person	-é	-emos
2nd person	-ás	-éis
3rd person	-á	-án

These endings never change. However, there are verbs whose stem is irregular. Two of the most common are tener and hacer, and you will remember seeing them in this tense in previous exercises. This is how they look in the future:

Tener	Singular	Plural
1st person	tendré = I will have	tendremos = we will have
2nd person	tendrás = you will have	tendréis = you (plural) will have
3rd person	tendrá = he/she will have	tendrán = they will have

Hacer	Singular	Plural
1st person	haré = I will make/do	haremos = we will make/do
2nd person	harás = you will make/do	haréis = you (plural) will make/do
3rd person	hará = he/she will make/do	harán = they will make/do

As you can see, the endings are exactly the same as for all regular verbs, but the stems are a little different. It is additionally important to try to remember these stems, as the stem for the future also provides the stem for the conditional tense. More of this later…

Exercise 3.26

¡Escribe!

Write the correct form of the verb in the gap.

1. Yo .... (hacer) mis deberes mañana.
2. ¿Tu .... (tener) tiempo para ir conmigo mañana?
3. Mi hermano y yo .... (tener) que estudiar mucho para aprobar.
4. ¿Vosotros .... (tener) ganas de ir al supermercado el domingo?
5. .... (hacer) falta trabajar mucho la semana que viene.
6. Dicen que .... (hacer) mucho calor este verano.

Exercise 3.27

¡Escribe!

Traduce las frases de Exercise 3.26 al inglés.

Exercise 3.28

¡Escribe y luego habla!
Now using a mixture of both verbs, invent 5 sentences of your own. As usual, try to use different parts of the verbs.

Exercise 3.29

¡Escribe y luego habla!
Role-play. Working in pairs, invent a brief dialogue between two friends in their final year of G.C.S.E. / E.S.O. Information should be provided about what subjects will be studied and why. You should endeavour to use either of the two future tenses you are now familiar with, or even both. Both characters should have at least 5 lines each.

Exercise 3.30

¡Lee!

OFERTAS DE EMPLEO

SE NECESITAN ACTORES para hacer de extras en una nueva película hispano-británica sobre la Guerra Civil. Contrato fijo y alojamiento gratis en Madrid. Interesados llamar de 9 a 12 de la mañana al: **901 506118**

SE NECESITA CAMARERO. Experiencia imprescindible. Muy buen sueldo. Horario de trabajo: 8.00 a 13 h y de 20 a 24 h. Hay que trabajar algunos domingos. Llamar entre semana al tel: 958 246781.

SE BUSCAN PROFESORES de E.S.O. para biología, química y física. Buenas condiciones económicas. Experiencia preferible. Instituto nuevo, muy cerca de la playa.
Enviar CV al Sr Butragueño, Apartado 2612, 18008 Málaga

Vocabulario
La oferta de empleo = the job offer
Hacer de extra = to work as an 'extra'
La Guerra Civil = the Spanish Civil War (1936-1939)
El contrato fijo = the fixed contract
El alojamiento = the accommodation
Los interesados = those interested
Buenas condiciones económicas = good pay
Preferible = preferable
Enviar = to send
El apartado = the P.O. Box
Imprescindible = vital
El sueldo = the wage/salary
Entre semana = on weekdays, i.e. not the weekends

¡Traduce!
Translate the three job advertisements into English.

Exercise 3.31

¡Escribe!
¿Qué trabajo prefieres?
Write a short account of which of the 3 jobs you prefer and why. You could begin by saying: Prefiero el trabajo de actor porque.....

Exercise 3.32

¡Escribe!

¿Cuál de los trabajos te gusta menos?

Write a short account of which of the 3 jobs you least like the appeal of and why. You could begin by saying: Me gusta menos el trabajo de …

Exercise 3.33

¡Escribe!

Now invent a job advertisement of your own. You should provide information in terms of working hours, pay, whether experience is necessary, contact details. You should aim to write 20-30 words.

¡Quiero ese trabajo!

Salvador Fernández Torres
Calle Picasso 150, 5° A
16008 Málaga

22 de abril de 2004

Sr. Galdós
Apartado 2888
10045 SALAMANCA

Estimado Sr. Galdós:

Me dirijo a usted para solicitar el puesto de informático anunciado en EL PAÍS el día 20 de este mes.

Como podrá ver en la copia del currículum que adjunto, tengo una amplia experiencia en el sector informático, además de importantes relaciones con empresas de esa zona.

Quedo a su disposición para cualquier aclaración necesaria.

Le saluda atentamente

SALVADOR FERNÁNDEZ TORRES

Vocabulario

Solicitar = to apply for
El puesto = the job
El informático = the computer programmer
Anunciar = to advertise
La copia = the copy
Adjuntar = to attach
Amplio = wide, broad
La relación = the contact/relation
La zona = the area
Quedar a disposición de alguien = to remain at someone's service
La aclaración = the clarification

Exercise 3.34

¡Escribe!

Using the letter to Señor Galdós as a model, imagine that you are interested in the teaching job as advertised in the 'Ofertas de Empleo'. Write a formal letter applying for one of the three academic subjects mentioned.

CD 34

Exercise 3.35

¡Escucha!

Escucha este diálogo entre Pepa, Iván y Javier, y, luego, contesta las preguntas de abajo:

1. ¿Por qué Pepa necesita ganar dinero?
2. ¿Por qué Javier piensa que no es buena idea trabajar en 'Bar Emilio'?
3. ¿Por qué a Iván le gustó trabajar en la oficina de su tío?
4. ¿Por qué dice Iván que a Pepa le pagarían más que a él?
5. ¿Qué tenía que hacer Iván cuando trabajó allí?
6. ¿Cuánto tiempo trabajó allí?
7. Iván piensa que es muy posible que Pepa pueda trabajar allí. ¿Por qué?

Vocabulario 3.2

La aclaración = the clarification
Adjuntar = to enclose/attach
El alojamiento = the accommodation
El alquiler = the rent/hire
Amplio = wide, broad, expansive
Anunciar = to advertise
El ayudante = the helper
Buenas condiciones económicas = good pay
El contrato fijo = the fixed contract
La copia = the copy
Cuanto antes = as soon as possible
Dejar el nido = to flee the nest
El dominio = the command
Entre semana = weekdays
Enviar = to send
Los gastos = the expenses, costs
La Guerra Civil = the Spanish Civil War (1936-1939)
Hacer de extra = to work as an extra
Imprescindible = vital
La independencia = independence
La información complementaria = the additional information
El informático = the computer programmer
Interesado = interested
El laboratorio = the laboratory
Me harán falta = I will need
El monedero = the wallet, purse
La oferta de empleo = the job offer
Preferible = preferable
El puesto = the job
Quedar a disposición de alguien = to remain at someone's service
La redacción = the essay, composition
La relación = the contact, relation
Repetir = to repeat/re-do/re-sit
Solicitar = to apply for
Soltero = single/batchelor
El sueldo = the wage, salary
La zona = the area

Summary of unit

You should now be able to: understand, form and use the future tense of regular and some irregular verbs in a prescribed range of situations; understand job advertisements, extracting key information; understand, and respond to past, present and future tenses; ask and answer questions about future plans, particularly with regard to jobs and further education; discuss future aspirations and ambitions; fill out a simple form, and write a formal guided letter in response to appropriate job advertisements.

UNIT 4 | Nuestro medio ambiente

About the unit

In this unit you will learn to talk and write about the environment in positive and negative terms. You will use a range of commands, negatives and tenses to compare how things used to be, are now and will be in the future.

New language content:

- negatives other than no
- more work on commands

New contexts:

- aspects of the environment
- the future world

Positive singular commands - revision

As you will recall, commands, or imperatives as they are also known, are orders that are given. An example in English would be '**Do** your homework'.You will also, no doubt, remember, that, in Spanish, there are both formal and informal commands, the appropriate use of which depends on who is being addressed, and in what type of situation. Let us initially refresh our memories as regards positive singular commands, both informal and formal.

Informal

The guideline in this case is that you normally take the 3rd person of the verb concerned in the present tense.

Ejemplos:
Look! = ¡mira!
Eat! = ¡come!
Choose! = ¡elige!

(With reflexive verbs, you simply add te, e.g. ¡levántate!)

As always seems to be the case, there are some exceptions. Amongst the most common are:

¡Pon! (poner)
¡Haz! (hacer)
¡Di! (decir)
¡Ven! (venir)

Formal

The guideline here is that the stems are virtually always the same, but the endings are very slightly different. Consider the examples from before:

Look! = ¡mire!
Eat! = ¡coma!
Choose! = ¡elija!

You can see how the –ar verbs now take the 3rd person –er verb ending, whereas the –er and –ir verbs take the 3rd person –ar verb ending.

Exercise 4.1

¡Escribe!
By matching up the verbs in column 1 with an appropriate choice from column 2, invent five positive informal commands that are of benefit to the environment. You will only need to change the words in column 1, and look out for any irregular imperatives.

Ejemplo:
Enciende solamente las luces necesarias.

Column 1	Column 2
Encender	los animales en peligro de extinción
Proteger	solamente las luces necesarias
Reciclar	el agua
Poner	papeles y cartones
Conservar	las luces antes de salir
Apagar	la basura en los contenedores

Vocabulario
Encender = to switch on
La extinción = the extinction
Proteger = to protect
Reciclar = to recycle
El cartón = the cardboard
Conservar = to conserve
Apagar = to switch off
La basura = the rubbish
El contenedor = the bin, container

Exercise 4.2

¡Escribe!
Now re-write the commands from Exercise 4.1, this time replacing the informal imperative with the singular formal imperative.

Ejemplo:
Encienda solamente las luces necesarias.

Positive plural commands – revision

Informal

As you may remember, the guideline in this case is to take the infinitive and to chop off the –ar/-er/-ir ending and replace it with –d. Consider these examples:

¡Apagad las luces! = turn out the lights!
¡Comed menos galletas! = eat less biscuits!

If the verb is reflexive, the 'd' disappears before the reflexive pronoun, e.g. levantaos antes.

Formal

The rule in this instance is simply to add –n to the singular forms. Consider these examples:

¡Miren!
¡Coman!
¡Elijan!

If the verb is reflexive, one just needs to make sure that the reflexive pronoun se is at the end of the imperative, e.g. levántense.

Exercise 4.3

¡Escribe!

By matching up the verbs in column 1 with an appropriate choice from column 2, invent 3 positive informal commands in the plural. As with Exercise 4.1, you will only need to change the words in column 1. Be wary of any reflexives.

Ejemplo:
Comprad crema solar.

Column 1	Column 2
Beber	cuidado con el sol
Comprar	a la sombra
Tener	mucha agua
Quedarse	crema solar

Vocabulario
La crema solar = the suncream

Exercise 4.4

¡Escribe!

Traduce las frases de Exercise 4.3 al inglés.

Exercise 4.5

¡Escribe!

Now re-write the commands from Exercise 4.4, this time replacing the informal imperative with the plural formal imperative.

CD 35

Exercise 4.6

¡Lee!

Lee esta conversación entre Luke e Iván y luego contesta las preguntas:

Iván:	Luke, a ver si me echas una mano con un trabajo que tengo del colegio. Tengo que hacer una lista de los consejos que me parecen más importantes para proteger el medio ambiente. Me duele la cabeza de tanto pensar, y por eso, necesito ayuda.
Luke:	Vale. Mis compañeros y yo hicimos una cosa parecida hace poco, así que creo que sí voy a poder ayudarte.
Iván:	Fantástico. ¿Por dónde empezamos?
Luke:	Bueno....hay que reciclar todo lo posible. Hace falta conservar energía.
Iván:	¿Por ejemplo?
Luke:	No dejar las luces encendidas sin necesidad, no usar el coche cuando se puede ir andando, no usar demasiada agua.
Iván:	Esto está muy bien. ¿Qué más?
Luke:	Tenemos que cuidar la capa de ozono.
Iván:	¿Cómo?

Luke: No deberíamos usar tantos esprays ni insecticidas.
Iván: Claro.
Luke: Otra cosa que hay que hacer es usar más otras forma de energía, por ejemplo el sol y el viento.
Iván: Luke, eres un genio.

Answer the following questions in English:

1. What does Ivan's school assignment consist of?
2. Why does he need help?
3. Why does Luke think he can be of assistance?
4. What are Luke's suggestions in terms of conserving energy?
5. What can be done to protect the ozone layer?
6. What other sources of energy need to be used more, according to Luke?

Vocabulario
Echar una mano = to lend a hand, to help
El medio ambiente = the environment
El compañero = the classmate
Hace poco = not long ago
La energía = the energy
Andar = to walk
La capa de ozono = the ozone layer
El espray = the spray
El insecticida = the insecticide
El genio = the genius

CD 36

Exercise 4.7

¡Escucha!
Escucha la conversación entre Eva, Nuria, Rafael y Marta y toma apuntes.

¿Cuál es el consejo más importante para los amigos?

1. Eva
2. Rafael
3. Marta
4. Nuria

Vocabulario
A mi juicio = in my opinion
Tanta = so much (with feminine noun)
Lo fundamental = the fundamental thing
La luz = the light, the electricity
No cabe duda de que = there's no doubt that
Un tema = a topic, theme
Opinar = to think

Exercise 4.8

¡Escribe!
Los siete magníficos

Make a written list of seven golden rules that you think would be of benefit to the environment.

Ejemplo:
Hay que conservar energía.

Try to use different structures for 'one has to…'

Negative commands

Exercise 4.9

A

B

C

D

E

¡Lee!

See whether you can match up the negative commands below with the right picture.

1. No pises el césped.
2. No entres con perros.
3. No bebas demasiado alcohol.
4. No tires colillas.
5. No tomes el sol demasiado.

You will notice how, just like the formal positive commands, the verb endings in negative commands are slightly odd. Verbs such as pisar, entrar, tirar, tomar are all –ar verbs, and yet the endings they take in Exercise 4.9 are those you would associate with –er verbs. The same principle applies to the verb beber: No beb<u>as</u>. This form of the verb is called the subjunctive. We don't need to worry too much about this at present, but we do need to establish a pattern so that you are able to identify and use negative commands in the future. Let's consider the three conjugations of verbs, e.g. –ar, -er, -ir:

	hablar	comer	salir
Informal:			
Singular (tú):	no hables	no comas	no salgas
Plural (vosotros):	no habléis	no comáis	no salgáis
Formal:			
Singular (usted):	no hable	no coma	no salga
Plural (ustedes):	no hablen	no coman	no salgan

Exercise 4.10

¡Escribe!
Translate the sentences below into Spanish. Use only the informal command:

1. Don't speak (singular) with your mouth full.
2. Don't eat (plural) those shellfish.
3. Don't go out (singular) with her.
4. Don't speak (plural) so loudly.
5. Don't eat (singular) so quickly.

Exercise 4.11

¡Escribe!
Re-write the answers to Exercise 4.10, but this time replace the informal commands with the appropriate formal commands.

Exercise 4.12

¡Escribe!
Copy and fill in the table to give the negative commands for the verbs below:

	fumar	comer	poner
Tú	....	....	....
Vosotros	....	....	....
Usted	....	....	....
Ustedes	....	....	....

Exercise 4.13

¡Escribe!
Traduce las frases de abajo al español:

1. Don't smoke (informal singular) in class.
2. Don't eat (formal plural) the prawns.
3. Don't put (informal plural) your feet on the table.
4. Don't smoke (formal singular) in the house.

Vocabulario 4.1
A mi juicio = in my opinion
Andar = to walk
Apagar = to switch off
La basura = the rubbish
La capa de ozono = the ozone layer
El cartón = the cardboard
El compañero = the classmate
Conservar = to conserve
El contenedor = the bin, container
La crema solar = the sun cream
Echar una mano = to lend a hand
Encender = to switch/turn on
La energía = the energy
El espray = the spray
La extinción = the extinction
El genio = the genius
Hace poco = recently, not long ago
El insecticida = the insecticide
Lo fundamental = the fundamental thing
La luz = the light, the electricity
El medio ambiente = the environment
No cabe duda de que = there's no doubt that
Opinar = to think
Proteger = to protect
Reciclar = to recycle
Tanta = so much (with feminine noun)
El tema = the topic, theme

Exercise 4.14

¡Escribe!
Translate all the sentences below into Spanish, using the tú form, i.e. the informal singular:

1. Don't throw paper on the floor.
2. Don't leave the lights on.
3. Don't use too much electricity.
4. Don't waste the water.

Vocabulario
To throw = tirar
The floor = el suelo
To leave the lights on = dejar las luces encendidas
To use = usar
Too much = demasiado/a
To waste = desperdiciar

Exercise 4.15

¡Escribe y luego habla!

Now write down five negative commands of your own which you think are beneficial as far as the community or the environment are concerned. Use the tú form.

Ejemplo:
No tires chicle al suelo = don't throw chewing-gum on the ground

Commands using the infinitive

There is another type of command in Spanish which involves the use of no followed by an **infinitive**. This is the Spanish equivalent of, for example:

No running   No smoking   No talking   etc

Ejemplo:
No comer = no eating

This formula is used as a command issued collectively, i.e. not to one particular person.

Exercise 4.16

¡Lee!

Match up the four general commands below with the appropriate picture:

1

2

3

4

Don't worry if there is any vocabulary you don't know; you should be able to work it out.

¡No fumar!   ¡No beber!   ¡No bañarse!   ¡No cazar!

CD 37

Exercise 4.17

¡Escucha!
Escucha y luego contesta las preguntas:

Answer the following questions in English:

1. What is the first order that Jorge's mother gives him, and why does she do so?
2. How does Jorge explain the presence of galletas 'Chiquilín' in his bedroom?
3. What is the next order that Jorge is given, and why?
4. What does Jorge's mother suggest he do instead of watching the television?
5. Why does Jorge's mother want him to stop smoking in his room?
6. What example does Jorge give to show that he does have a positive side?

Vocabulario
La escuela taurina = the bullfighting school
Dejar de (+ infinitivo) = to stop doing something
El paquete = the pack, packet
Acabar de (+infinitivo) = to have just done something
Limpiar = to clean
Oler = to smell

Exercise 4.18

¡Escucha y luego escribe!
Now listen to the CD again, and make a list of all the negative commands that you hear Jorge's mother give.

Nadie, nada, nunca, ninguno

You will probably recognise these negatives. Indeed, you may recall the use of one or two in the dialogue between Jorge and his mother.

Study the following sentences with a view to understanding how these negative expressions work:

No hay nadie en la biblioteca = there's **nobody** in the library.
No hay nada en la maleta = there's **nothing** in the suitcase.
Dice que no come galletas nunca = he says he **never** eats biscuits.
No tiene ninguna posibilidad de ser torero = he doesn't have **any** chance of being a bullfighter.

N.B. ninguno becomes ningún before a masculine noun, and ninguna before a feminine noun.

Exercise 4.19

¡Escribe!
Traduce las frases de abajo al español:

1. There's nobody in the shop.
2. There's nothing in Jorge's stomach.
3. They don't ever go to the theatre.
4. There are no girls on the beach.

Exercise 4.20

¡Escribe!

Now invent 4 sentences of your own, each using one of the 4 negative structures in Exercise 4.19.

CD 38

Exercise 4.21

¡Lee!

Read this dialogue between Jorge and his mother about the dire state of their fridge, and then insert one of nada/nadie/nunca/ninguno in the appropriate gap:

Jorge:	Mamá, no hay .... en el frigo.
Madre:	Claro que no. Yo no tengo tiempo para ir de compras. ¿Por qué no vas tú? No vas ....
Jorge:	No es verdad. No tienes .... derecho a decirme eso. Fui el otro día para comprar las cosas para la paella.
Madre:	Ah, sí. Se me olvidó.
Jorge:	Se te olvida todo Mamá. Yo no conozco a .... con una memoria tan mala como la tuya.
Madre:	Yo no tengo .... problema con la memoria.
Jorge:	Mamá, nunca te acuerdas de ....

Exercise 4.22

¡Escribe!

Traduce el diálogo entre Jorge y su madre al inglés.

Vocabulario
Olvidarse de = to forget
Tener derecho a = to have a right to

Exercise 4.23

¡Escribe!

Below, you will find 5 negative statements. Contradict them with a positive example of your own. Study these examples:

No hay nada en el frigo.
Mentira – hay dos yogures y un poco de jamón.

No hay nadie en la tienda.
Mentira – hay dos personas.

1. No hay nadie en la plaza de toros.
2. No tiene nada en la maleta.
3. No vas nunca a las tiendas.
4. No hay ninguna chica guapa en España.
5. No llama nunca a sus amigos.

CD 39

Exercise 4.24

¡Escucha, y contesta!
Answer these questions in English:

1. On what point do they all agree?
2. What does Eva think everyone will have in the future?
3. What climate changes does Nuria foresee?
4. What other change to the environment does she refer to?
5. What is Rafael's view about the world in 25 years' time?

Vocabulario
La sequía = the drought
La inundación = the flood
La contaminación = the pollution

Exercise 4.25

¡Escribe!
Using the word habrá (there will be), write down five sentences stating what changes you think there will be in 25 years' time:

e.g. habrá muchos más problemas de tráfico.

CD 40

Exercise 4.26

¡Lee!
Lee este diálogo entre Luisa y su abuela y luego contesta las preguntas:

Luisa: Abuela, ¿tú cómo piensas que va a ser el mundo dentro de veinticinco años?
Abuela: No sé, hija. ¿Por qué preguntas?
Luisa: Es para el colegio. Tengo que hacer una redacción sobre el tema.

Abuela: No sé que decirte. Como te decía el otro día, ha habido tantos cambios en los últimos cincuenta años. ¿Quién sabe los cambios que habrá en los próximos veinticinco? Yo me acuerdo de cuando era pequeña. Había muchísima gente que no tenía ni coche, ni televisión, ni teléfono. Hoy en día, estas cosas son normales. También, me acuerdo de cuando íbamos a la costa en verano. Tardábamos casi un día en llegar. Hoy en día, hay una autovía magnífica, hay autobuses que salen casi cada hora; se puede llegar en menos de una hora.

Luisa: ¿Era muy diferente la costa?

Abuela: Sí, hija. En aquellos tiempos no había la masificación que hay hoy en día. En el pueblo donde nosotros íbamos, no había nada, ni bloques de pisos, ni hoteles, ni chiringuitos. Había unas cuantas casas y nada más. Por un lado, es una lástima porque el pueblo no es lo que era; ha perdido su encanto. Por otro lado, el turismo ha creado mucho trabajo; no hay tanta gente pobre.

Luisa: ¿Y el futuro, abuela? ¿Qué cambios habrá?

Abuela: Pregúntale a tu padre, Luisa. Yo te puedo hablar del pasado; no sé nada del futuro.

Vocabulario

La redacción = the essay, assignment
La masificación = the growth, overcrowding
El bloque = the block (of flats)
El chiringuito = the beach bar
Una lástima = a pity
Por un lado = on the one hand
Por otro lado = on the other hand
Crear = to create

¡Contesta!

Answer these questions in English:

1. Why does Luisa need her grandmother's views about the future?
2. How does her grandmother initially illustrate the massive changes that have occurred in society in the last fifty years?
3. What further example does she go on to use, and how does she explain the improvement?
4. In what ways has the coastal town where she spent her summers as a child changed?
5. She sees these changes as being both positive and negative. How?
6. How does Abuela respond when Luisa again asks her for her views on the future?

Exercise 4.27

¡Escribe!

The verb haber is used in a number of different tenses in Exercise 4.26, e.g. hay, habrá etc. Write out all the examples you can find.

Vocabulario 4.2
Acabar de + infinitivo = to have just done something
El bloque = the block (of flats)
El chiringuito = the beach bar
La contaminación = the pollution
Crear = to create
Dejar de + infinitivo = to stop doing something
Dejar las luces encendidas = to leave the lights on
Desperdiciar = to waste
La escuela taurina = the bullfighting school
La inundación = the flood
Una lástima = a pity
Limpiar = to clean
La masificación = the growth, overcrowding
Oler = to smell
Olvidarse de = to forget
El paquete = the pack, packet, package
Por un lado = on the one hand
Por otro lado = on the other hand
La redacción = the essay, assignment
La sequía = the drought
Tener derecho a = to have the right to
Tirar = to throw

Summary of unit

You should now be able to: show understanding of a range of written and spoken texts about the environment and respond in a variety of ways; talk about aspects of the world in which you live; apply previously learnt grammar in a wider context; understand and use different negative structures; understand and use negative and positive commands.

UNIT 5 | El mundo hispano

About the unit

In this unit you will learn about some countries where Spanish is spoken. You will apply your knowledge of Spanish to make factual presentations both orally and in writing.

New language content:

- writing a factual report
- understanding and producing more complex sentences

New contexts:

- some Spanish-speaking countries other than Spain

Argentina

CD 41

Exercise 5.1

¡Lee!

Lee esta conversación entre Jorge y Manolo y luego contesta las preguntas.

Manolo:	Esta semana llega tu primo Eduardo de Argentina, ¿verdad?
Jorge:	Sí. Llega pasado mañana.
Manolo:	¿Hay un vuelo directo a Sevilla?
Jorge:	No. Tiene que ir a Madrid. Mis padres lo van a recoger allí en coche.
Manolo:	¿De qué parte de Argentina es?
Jorge:	De Buenos Aires. Pero nació aquí en España. Lleva unos diez años viviendo en Argentina.
Manolo:	¿Por qué se fueron a Argentina?

Jorge: Su padre es diplomático. Le dieron un trabajo allí.
Manolo: ¿Y a Eduardo le gusta la vida allí?
Jorge: Le encanta. A él le gustan mucho el fútbol y la carne, y estas dos cosas son importantísimas en Argentina.
Manolo: Y el tango, ¿verdad?
Jorge: Sí, sí, el tango es muy importante, incluso para la familia de Eduardo. Tienen un gato que se llama Carlos Gardel.
Manolo: ¿Quién es Carlos Gardel?
Jorge: Era un cantante de tango muy famoso.
Manolo: ¿Sigue vivo?
Jorge: No. Creo que murió en un accidente de avión antes de la segunda guerra mundial.
Manolo: ¡Cuánto sabes! Pero seguro que no sabes de dónde viene el nombre Argentina, ¿verdad?
Jorge: No, la verdad es que no lo sé.
Manolo: Viene del latín, argentum. Significa plata.
Jorge: ¿Por qué plata?
Manolo: Porque los españoles buscábamos plata en esa parte del continente.
Jorge: ¡Cuánto sabes tú también!

Vocabulario
El diplomático = the diplomat
El cantante = the singer
La segunda guerra mundial = the Second World War
La plata = the silver

¡Contesta!
Answer these questions in English:

1. How is Eduardo going to get to Seville?
2. How has he ended up living in Buenos Aires?
3. What three things are very important in Argentina?
4. What are we told about Carlos Gardel, other than it is the name of Eduardo's cat?
5. Where does the name Argentina come from?

Exercise 5.2

¡Escribe!
Complete the following sentences by finding an appropriate word for each of the gaps:

1. Jorge tiene un .... que se llama Eduardo.
2. Eduardo va a Madrid en .... y, luego, a Sevilla en ....
3. Lleva 10 años .... en Argentina, pero .... en España.
4. Le .... la vida en Argentina.
5. Además del fútbol, y la carne, el .... es muy importante en Argentina.

Exercise 5.3

¡Escribe!
Traduce las frases de Exercise 5.2 al inglés.

CD 42

Exercise 5.4

¡Escucha!
Escucha la conversación entre Jorge y Pedro y luego contesta las preguntas:

¡Contesta!
Answer the following questions in English:

1. Why is Pedro going to Cuba?
2. What does the word 'Antillas' refer to?
3. What is Cuba really famous for?
4. Why does Cuba make a good tourist destination?
5. Why has Pedro been in the library all week?

Vocabulario
El Caribe = the Caribbean
La perla = the pearl
Las Antillas = the Antilles islands
La colonia = the colony
El puro = the cigar
La cadena montañosa = the mountain range
Investigar = to research
Estar impresionado = to be impressed

Exercise 5.5

¡Escribe!
¿Verdad o mentira? Decide si estas frases son verdaderas o falsas. Si son verdaderas, escribe una V. Si son falsas, escribe una F.

1. Cuba está muy cerca de Nueva York.
2. Cuba se conoce como 'la Perla de las Antillas'.
3. No se habla español en la isla.
4. Los puros de Cuba son muy famosos.
5. La isla no es buena para el turismo.
6. Las montañas más altas son las de Sierra Maestra.
7. Pedro siempre ha sabido mucho sobre Cuba.
8. No se sabe de dónde viene la palabra 'Cubanacán'.

Exercise 5.6

¡Escribe!

For each of the sentences that are false in Exercise 5.5, now write a sentence that is true.

Exercise 5.7

¡Lee!

Lee este e-mail de Pedro a Jorge y luego contesta las preguntas:

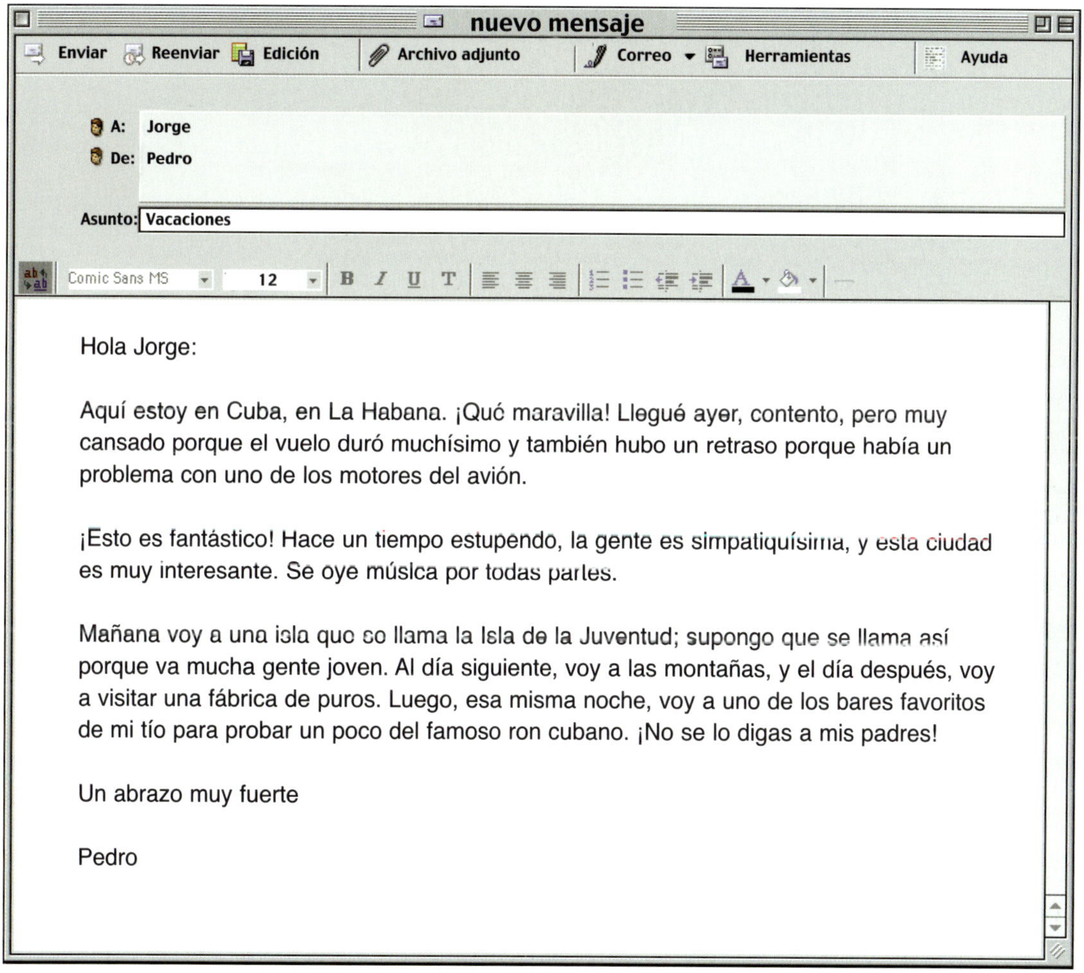

nuevo mensaje

Enviar | Reenviar | Edición | Archivo adjunto | Correo | Herramientas | Ayuda

A: Jorge

De: Pedro

Asunto: Vacaciones

Hola Jorge:

Aquí estoy en Cuba, en La Habana. ¡Qué maravilla! Llegué ayer, contento, pero muy cansado porque el vuelo duró muchísimo y también hubo un retraso porque había un problema con uno de los motores del avión.

¡Esto es fantástico! Hace un tiempo estupendo, la gente es simpatiquísima, y esta ciudad es muy interesante. Se oye música por todas partes.

Mañana voy a una isla que se llama la Isla de la Juventud; supongo que se llama así porque va mucha gente joven. Al día siguiente, voy a las montañas, y el día después, voy a visitar una fábrica de puros. Luego, esa misma noche, voy a uno de los bares favoritos de mi tío para probar un poco del famoso ron cubano. ¡No se lo digas a mis padres!

Un abrazo muy fuerte

Pedro

¡Contesta!

Answer the following questions in English:

1. For what two reasons was he tired when he arrived?
2. What does he think of La Habana and why?
3. What plans does Pedro have in the days following his trip to la Isla de la Juventud?
4. What does '¡No se lo digas a mis padres!' mean, and why does he say it?

CD 43

México

¡Lee!
Lee esta información sobre México:

1. Tiene un litoral de más de 10,000 kilómetros sobre los océanos Atlántico y Pacífico.
2. Es un país con muchas montañas como, por ejemplo, la Sierra Madre Oriental.
3. Es un país muy grande con muchos contrastes: por ejemplo, hay selvas impenetrables en el sur, y desiertos aridísimos en el norte.
4. Tiene unas 10,000 ruinas y monumentos de muchas civilizaciones como, por ejemplo, los aztecas y los mayas.
5. A más de 1500 km al sur de la capital está la ciudad de Palenque, uno de los centros arqueológicos mayas más importantes.
6. Uno de los monumentos más famosos de Palenque se llama el Templo de las Inscripciones.
7. Tiene unos sitios turísticos muy conocidos en el litoral, como la playa de Acapulco.
8. A los mejicanos les encanta la música. La música mariachi es uno de los estilos más famosos.

Vocabulario
Un litoral = a coastline
Oriental = eastern
La selva = the jungle
Impenetrable = impenetrable
Aridísimo = very arid/dry
La ruina = the ruin
Una civilización = a civilization
Los aztecas y los mayas = the aztec and mayan peoples (indigineous Mexican peoples)
Arqueológico = archaeological

Exercise 5.8

¡Escribe!

Now imagine you are Jorge. Using some of the information above about México, write an e-mail to Pedro from México, explaining when you arrived, where you have been, and where you are going to go in the next few days.

Exercise 5.9

¡Escribe!

Imagine you can choose to spend your holidays in August in one of Cuba, Argentina, or Mexico. In approximately 50 words, state which country you would prefer to visit and why.

CD 44

Exercise 5.10

¡Lee!

Lee esta conversación entre el Señor Baz y el Señor Hierro y luego contesta las preguntas:

Señor Baz:	Bueno, Señor Hierro, cuénteme su idea.
Señor Hierro:	Llámame Paco, por favor. Ya somos amigos.
Señor Baz:	Vale, Paco, cuéntame.
Señor Hierro:	Ya tenemos una idea para el nuevo anuncio, y queremos rodarlo en Chile.
Señor Baz:	¿Chile? ¿Por qué? Está lejísimos y me va costar muchísimo dinero.
Señor Hierro:	No te preocupes. Resulta que tenemos una idea fantástica que incorpora las estatuas de piedra de la isla de Pascua.
Señor Baz:	¿La isla de Pascua? Mmmmm...interesante. Mi mujer siempre ha querido conocer ese sitio. Pero no está en Chile, ¿verdad?
Señor Hierro:	Está en el Océano Pacífico, a tres mil setecientos kilómetros de la costa sur, pero pertenece a Chile.
Señor Baz:	Sí, sí, me acuerdo. Y se llama así por un explorador holandés que desembarcó allí el domingo de Pascua, ¿verdad?
Señor Hierro:	¡Impresionante!
Señor Baz:	Sería fantástico ir allí. Mi mujer y yo podríamos ir, ¿verdad?
Señor Hierro:	¡Claro!
Señor Baz:	A mí, me encantaría ver esas estatuas, y, también, me gustaría conocer Chile; nunca he estado allí. Cuéntame tu idea.

Contesta estas preguntas:

1. ¿Por qué dice el Señor Hierro que el señor Baz puede llamarle 'Paco'?
2. ¿Cuál es la idea del Señor Hierro?
3. ¿Cuál es la reacción del Señor Baz al principio, y por qué?
4. ¿Por qué cambia de opinión?
5. ¿Por qué la isla de Pascua se llama así?

Vocabulario
Rodar = to shoot (a film, advert, etc)
La estatua = the statue
La piedra = the stone
Pertenecer = to belong to
El explorador = the explorer
Desembarcar = to disembark, get off
El domingo de Pascua = Easter Sunday

Vocabulario 5.1
Las Antillas = the Antilles islands
Aridísimo = extremely dry
Arqueológico = archaeological
Los aztecas = the Aztecs
La cadena montañosa = the mountain range
El cantante = the singer
El Caribe = the Caribbean
La colonia = the colony
Desembarcar = to disembark, get off
El diplomático = the diplomat
El domingo de Pascua = Easter Sunday
Estar impresionado = to be impressed
La estatua = the statue
El explorador = the explorer
Impenetrable = impenetrable
Investigar = to investigate
El litoral = the coastline
Los mayas = the Mayans
Oriental = eastern
La perla = the pearl
Pertenecer = to belong to
La piedra = the stone
La plata = the silver
La civilización = the civilization
Rodar = to shoot (film, comercial etc)
La ruina = the ruin
La Segunda Guerra Mundial = the Second World War
La selva = the jungle

Exercise 5.11

¡Escribe!

Imagine you are Señor Hierro's secretary at the advertising agency. Sorry! You need to write a letter to Señor Baz providing details as regards his forthcoming trip with his wife to Chile and then on to Easter Island. You need to provide information in terms of:

Departure day
Departure airport
Departure time
Airline company + flight number
Arrival time and name of airport
Accommodation in Chile
Day of return to Spain

CD 45

Exercise 5.12

¡Escucha!

Listen to this conversation between Señor Hierro's secretary and a hotel receptionist in Santiago, Chile. Then answer the questions below:

1. What specific requirements does the secretary give in terms of the reservation?
2. What is the first problem the receptionist refers to?
3. Why does the secretary feel this could be problematic?
4. How does the receptionist respond?
5. What are the conditions for making a booking?
6. What is the number of the company credit card?
7. When does it expire?

Vocabulario
El ventilador = the fan (electric)
El depósito = the deposit
De antemano = in advance
La fecha de caducidad = the expiry date

Exercise 5.13

¡Lee!

Lee este texto sobre el famoso cuadro de Pablo Picasso, el 'Guernica':

El famoso pintor Pablo Ruíz Picasso nació en Málaga, en Andalucía en 1881. Su padre era pintor y, desde muy pequeño, Pablo también manifestaba un talento maravilloso para la pintura. Cuando tenía catorce años, se fue a vivir a Barcelona y, a los veintitrés años, se fue a París, el centro del arte moderno en esos tiempos. Conoció a todos los pintores más famosos de la época y, después de algunas dificultades al principio, empezó a tener éxito, y poco a poco se convirtió en uno de los pintores más famosos del mundo.

Una de sus obras más conocidas es el 'Guernica', un cuadro enorme que retrata los horrores de la guerra civil española. Guernica era un pueblo emblemático del País Vasco, que fue destrozado por el bombardeo organizado por el general Franco, pero realizado por aviones alemanes. Tras la victoria de los nacionales en 1939, Picasso dijo que el cuadro tenía que quedarse en el Museo de Arte Moderno de Nueva York, y que solamente podría ser devuelto a España cuando hubiera un régimen democrático. Cuando, por fin, se empezó la transición a la democracia a finales de los años 70, se comenzaron las gestiones para su traslado. Hoy en día se puede ver el cuadro en Madrid.

Vocabulario

Manifestar = to show
A los veintitrés años = when he was 23
La dificultad = the difficulty
Al principio = in the beginning
Convertirse en (+ noun) = to become
Tener éxito = to be successful
La obra = the work
Retratar = to portray, depict
Emblemático = emblematic
Destrozada = destroyed
El bombardeo = the bombardment
Realizar = to carry out
Tras = after
Los nacionales = the Nationalists
Devuelto (devolver) = returned
Cuando hubiera = when there was (might be)
Un régimen = a regime
La transición = the transition (also, the word given to the period after Franco's death when Spain moved from a right-wing dictatorship towards a democracy)
A finales de = at the end of
La gestión = the measure, step
El traslado = the move

¡Escribe!
Pon una palabra adecuada en cada una de estas frases:

1. Picasso .... en 1881.
2. El padre de Picasso era ....
3. En París .... a muchos pintores famosos.
4. Al .... , la vida de Picasso en París fue algo difícil.
5. El 'Guernica' es una .... famosísima de Picasso.
6. Guernica era un .... en el País Vasco.
7. Fue .... por aviones alemanes.
8. Los .... ganaron la guerra civil.
9. El camino hacia la democracia empezó a finales de los.........
10. El ...., el 'Guernica', hoy en día se encuentra en Madrid.

Exercise 5.14

¡Escribe!
Traduce el texto en Exercise 5.13 sobre el 'Guernica' al inglés.

Exercise 5.15

¡Escribe!
Traduce las frases 1-10 de Exercise 5.13 al inglés.

El país vasco

Exercise 5.16

Vocabulario
Propio = own
El admirador = the admirer

¡Lee!
Read this e-mail from Jorge to Manolo. Then see whether you can fill the gaps with words that make sense.

nuevo mensaje

Enviar | Reenviar | Edición | Archivo adjunto | Correo | Herramientas | Ayuda

A: Manolo
De: Jorge
Asunto: Vacaciones

Hola Manolo:
¿Qué ....? Yo .... bastante bien, pero tengo un pequeño problema. Tengo que .... un trabajo para el colegio .... el País Vasco, y no sé casi nada. A ver si me .... ayudar. Claro, sé que tienen su propio idioma, y yo .... el admirador número uno del cocinero Karlos Arguiñano, pero aparte de eso, nada. Fui una .... a Bilbao cuando tenía tres ...., pero no me .... de nada. Mis padres no me quieren ayudar porque dicen que .... que hacerlo yo solo. Yo no .... usar la internet muy bien y, por eso, necesito .... ayuda.

Un ....

Jorge

Exercise 5.17

¡Lee!

Lee estas frases sobre el 'emilio' de Jorge, y decide si son verdaderas o falsas:

1. Jorge no sabe nada sobre el País Vasco.
2. Karlos Arguiñano trabaja en el mundo de la cocina.
3. Jorge nunca ha estado en el País Vasco.
4. Jorge no es experto en internet.

Vocabulario
La cocina = the cuisine

Exercise 5.18

¡Lee!

Lee la repuesta de Manolo y luego contesta las preguntas en inglés:

nuevo mensaje

Enviar | Reenviar | Edición | Archivo adjunto | Correo | Herramientas | Ayuda

A: Jorge
De: Manolo
Asunto: Vacaciones

Hola Jorge:

Gracias por tu e-mail. Yo también estoy bastante bien.

Tienes suerte. Sé bastante sobre el País Vasco porque mi madre es vasca, y he estado allí muchas veces. Tienes razón: sí, tienen su propio idioma. Se llama el 'euskera', y nadie sabe exactamente de dónde viene. La región se compone de 3 provincias: Vizcaya, Guipúzcoa, y Álava. La capital, como sabes, es Bilbao. Es una zona bastante verde porque llueve mucho. Tiene mucha industria, pero, a pesar de eso, es un lugar muy bonito, con muchos montes y un paisaje precioso. Veo que mencionas a Karlos Arguiñano. Es un genio, ¿verdad? De hecho, la cocina vasca es estupenda; muchos de los mejores cocineros de España vienen del País Vasco. A ti te gustaría vivir allí, seguro. También tiene muchas costumbres y fiestas que son muy diferentes a las de las otras regiones de nuestro país.

Por desgracia, como todos los sitios, tiene sus problemas. Obviamente, conoces a ETA: Euskadi Ta Askatasuna. Siginifica: la Patria Vasca y Libertad. Fue fundado en 1959 y, a lo largo de los años ha matado a muchísimas personas, más de 850, creo; no me acuerdo del número exacto. Su objetivo es conseguir la independencia para el País Vasco.

No sé si esto te va a ayudar mucho. Si necesitas más información, ven a mi casa, y podemos buscarla juntos por internet.

Un abrazo

Manolo

Answer the following questions in English:

1. Why does Manolo know a lot about the Basque Country?
2. Where does the Basque language come from?
3. Why is the area so green?
4. Why does Manolo suggest that Jorge would be happy there?
5. What is ETA's objective?
6. What does Manolo suggest if Jorge requires further help?

Vocabulario
Componerse de = to be made up of
A pesar de = in spite of
Un monte = a hill
Un genio = a genius
De hecho = in fact
Por desgracia = unfortunately
La Patria Vasca = the Basque Fatherland
A lo largo de = throughout

CD 46

Exercise 5.19

¡Escucha!
Escucha esta conversación entre Jorge y Manolo y luego contesta las preguntas en inglés:

1. Why has Jorge called Manolo?
2. What are we told about 'Pelota'?
3. Name the first two trials of strength that Manolo mentions.
4. What is 'sokatira'?
5. What are we told about Miguel Indurain?
6. What does Jorge offer Manolo as thanks for his help?
7. When will he call again?

Vocabulario
El inventor = the inventor
Efectivamente = absolutely right
Una pista = a court (tennis etc)
Tener fama de = to have a reputation of
La prueba de fuerza = the show of strength
El levantamiento = the lifting
La corta = the cutting
El buey = the ox
Arrastrar = to drag
Una roca = a rock
Seguidas = consecutively, on the trot
¡Era un fenómeno! = he was a genius!

CD 47

Exercise 5.20

¡Escucha!
Listen to this conversation between Señor Hierro and Señor Baz, and then answer the following questions in English:

1. What is the nature of Sr. Baz's first complaint, and when did he report it?
2. What is his second complaint?
3. At what time does this problem occur, and how long does it last?
4. Why have they not been able to change rooms?
5. Why do Sr. and Sra. Baz not wish to move to another hotel?
6. Why does Sr. Hierro think he might be able to help solve the problem?
7. When and where are Sr. Baz and Sr. Hierro due to meet?

Vocabulario
El camión de la basura = the rubbish truck
En pleno centro = right in the middle
Volver a + infinitive = to do something again

Exercise 5.21

¡Escribe!

Working in pairs, invent a dialogue between a client and a receptionist at a hotel. The client has at least two complaints to make and the receptionist endeavours to pacify him/her.

Vocabulario 5.2
A finales de = at the end of
A lo largo de = throughout
A los 23 años = when he was 23
A pesar de = in spite of
Al principio = in the beginning
El admirador = the admirer
Arrastrar = to drag
El bombardeo = the bombardment
El buey = the ox
La cocina = the cuisine
Componerse de = to be made up of
Convertirse en (+noun) = to become
Cuando hubiera = when there was (might be)
De hecho = in fact
Destrozado = destroyed
Devuelto = returned
La dificultad = the difficulty
Efectivamente = absolutely right
Emblemático = emblematic
¡Era un fenómeno! = he was a genius!
El genio = the genius
La gestión = the measure, step
El inventor = the inventor
El levantamiento = the lifting
Manifestar = to show
El monte = the hill
Los nacionales = the Nationalists
Propio = own
Por desgracia = unfortunately
La prueba de fuerza = the show/trial of strength
Realizar = to carry out
El régimen = the regime
Retratar = to portray, depict
La roca = the rock
Seguidas = consecutive, on the trot
Tener éxito = to be successful
Tener fama de = to have a reputation (of)
La transición = the transition (also, the word given to the period after Franco's death when Spain moved from a right-wing dictatorship towards a democracy)
Tras = after
El traslado = the move

Summary of unit

You should now be able to: understand facts from a variety of different sources and texts about Spanish-speaking countries other than Spain. You should also be able to provide information about one or more autonomous regions in Spain itself.

UNIT 6 | ¿Tú qué opinas?

About the unit

This final unit consolidates language skills and gives you the opportunity to comprehend more complex and detailed texts and listening exercises, both for information and pleasure.

New language content:

- relative pronoun que
- recounting and summarising

New contexts:

- understanding and creating critical reviews

CD 48

Exercise 6.1

¡Lee!

Lee esta conversación entre Jorge y Pedro sobre la visita de Jorge y Alba al cine y luego contesta las preguntas en inglés:

Pedro:	Cuéntame, Jorge, ¿qué tal el cine con Alba?
Jorge:	Regular. Estoy preocupado. Creo que ya no le gusto mucho. No lo entiendo; llevo un mes a régimen, y me parece que estoy mucho más guapo.
Pedro:	Tal vez no tiene nada que ver con el físico. A lo mejor no tenéis muchas cosas en común.
Jorge:	Posiblemente. Yo sé que no le gustan ni los toros ni las motos, pero sí le gusta mucho comer, y le encanta salir.
Pedro:	¿Qué película visteis?
Jorge:	No me acuerdo cómo se llama. Llevo mucho tiempo sin dormir bien, y creo que está afectando mi memoria.
Pedro:	¿Quién era el director? Te acuerdas, ¿no?
Jorge:	Eso sí. Almodóvar. Era la nueva peli de Almodóvar.
Pedro:	¿Qué tal?
Jorge:	A mí, no me gustó mucho. Creo que era mucho más triste que sus otras películas. Yo prefiero las comedias, las películas graciosas.
Pedro:	Pero tiene momentos divertidos. La vi yo la semana pasada y me gustó bastante.
Jorge:	Estoy de acuerdo hasta cierto punto.
Pedro:	¿Qué pensó Alba?
Jorge:	Le encantó. La encontró muy conmovedora. Al final, estaba llorando.
Pedro:	Yo también. Me parecía una película genial.
Jorge:	¿Por qué?
Pedro:	No sé; es difícil de explicar. Había una mezcla de humor, tristeza, enfado, alegría; era como la vida real. Me parecía mucho más profunda que otras películas suyas.
Jorge:	Por eso a mí me gustan las comedias; tengo bastante tristeza y problemas en la vida real. Si voy al cine, necesito reírme.
Pedro:	Bueno, como dice el refrán, 'sobre gustos no hay nada escrito'.

¡Contesta!
Answer the following questions in English:

1. Why is Jorge worried?
2. Why does he not understand?
3. How does Pedro attempt to explain the situation?
4. What do we know about Jorge's sleeping pattern, and what effect is it having?
5. How does Jorge compare this film to others by Almodóvar?
6. How do we know that Alba was very moved?
7. What did Pedro think of the film?
8. How does Jorge explain his liking for comedies?

Vocabulario
Estar a régimen = to be on a diet
En común = in common
La comedia = the comedy
Conmovedor = moving
La mezcla = the mixture
El humor = humour
La tristeza = sadness
La alegría = happiness
Profundo = deep, profound
El refrán = the saying
'Sobre gustos no hay nada escrito' = 'there's no accounting for taste'

Exercise 6.2

¡Escribe y luego habla!
In Spanish, write a short account describing a film you saw recently. Give information in terms of the action, and also state your opinion.

Exercise 6.3

CD 49

¡Escucha!
Escucha la conversación entre Jorge, Pedro y Alba sobre una posible visita al cine, y rellena la tabla de abaja:

	Tipo de película	Hora	Opinión de la prensa
Jorge	....	....	....
Pedro	....	....	....
Alba	....	....	....

Exercise 6.4

¡Lee y luego escribe!
Read this extract from a letter from Jorge to Susana, the agony aunt:

> Estoy fatal. El otro día fui al cine con una amiga mía, Alba, y un buen amigo mío, Pedro. Era mi idea ir al festival de cine en 'Multicines' porque quería ver 'El Bueno, el Feo, y el Malo'. Lo hablé con Pedro y Alba, pero ellos querían ver dos películas diferentes. Yo estaba muy enfadado, pero, ¿qué podía hacer? Además, después, fuimos a un bar, y no me hicieron ningún caso. Yo pienso que se gustan. No estoy seguro de qué hacer. Pensaba que Pedro era un amigo, pero después de verlo con Alba, he cambiado de opinión.

¡Escribe!
Now re-write the passage using the 3rd person. It would therefore begin:

Está fatal.

Vocabulario
Hacer caso a = to take notice of

Exercise 6.5

CD 50

¡Lee y luego contesta las preguntas!
Read this conversation between Rafael, Eva and Nuria about their choice for the school play, and then answer the questions:

Rafael:	Bueno, chicas, tenemos que elegir una obra para este verano. ¿Qué opináis?
Eva:	A mí me gustaría hacer una obra de García Lorca.
Rafael:	No sé. Tengo dudas. Sería un poco deprimente, ¿no? Todas sus obras son muy trágicas. Yo prefiero hacer algo más alegre. Tú, ¿qué piensas, Nuria?
Nuria:	Yo creo que sería fantástico; me encanta Lorca. Me gusta mucho 'La casa de Bernarda Alba'. Sería una buena elección, ¿no?
Rafael:	¡Qué va! Por lo que yo sé de la obra, no hay ningún papel para los chicos. Además, es muy deprimente, ¿no?
Nuria:	Sí, pero así es el arte a veces.
Rafael:	No. A los chicos de la clase, no les va a gustar nada esa idea; dirán que tiene que haber papeles para ellos también.
Eva:	Bueno, entonces podemos hacer 'Bodas de Sangre'.
Rafael:	No sé, el tercer acto es muy complicado; es bastante surrealista.
Nuria:	A mi juicio, es una idea buenísima. Es una obra llena de pasiones muy fuertes, y sería un éxito, seguro.
Rafael:	Yo no estoy tan seguro. Es muy difícil entender lo que pasa en ese tercer acto.
Eva:	¿Y si te damos el papel de Leonardo? Es el mejor.
Rafael:	Ah, entonces, es una idea maravillosa. ¡Habérmelo dicho antes!

Contesta estas preguntas:

1. ¿Qué piensa Rafael de la idea de Eva y por qué?
2. ¿Qué piensa Nuria de la idea?
3. ¿Por qué Rafael piensa que 'La casa de Bernarda Alba' no sería buena idea?
4. ¿Por qué piensa que 'Bodas de Sangre' tampoco sería buena idea?
5. ¿Cómo consiguen convencer a Rafael?

Vocabulario
Deprimente = depressing
La obra = the work, play
La elección = the choice
El papel = the role
La boda = the wedding
Surrealista = surreal
¡Habérmelo dicho antes! = you should have told me beforehand!

CD 51

The conditional tense

In Exercise 6.5, you will have come across several examples of the conditional tense, e.g.

Sería un poco deprimente = it would be a little depressing
Sería fantástico = it would be fantastic

This tense is usually formed by taking the infinitive of the verb in question and adding one of the endings shown:

	Singular	Plural
1st person	comer-ía = I would eat	comer-íamos = we would eat
2nd person	comer-ías = you would eat	comer-íais = you would eat
3rd person	comer-ia = he would eat	comer-ían = they would eat

That, of course, is the case with the verb ser in the two examples above.

However, as usual, just to ensure we don't get too comfortable, although the endings are always the same, there are a number of verbs which have an irregular stem. Here are some of the most common:

Hacer = haría
Poder = podría
Poner = pondría
Salir = saldría
Tener = tendría

You may have noticed that the stem with these verbs is the same as the stem for the future tense. The endings, as mentioned, are the same as those above.

Exercise 6.6

¡Lee!
Read the conversation in Exercise 6.5 again and underline all the expressions that imply doubt or opinion.

Exercise 6.7

¡Escribe!

Rearrange the elements below so that you create five sentences that make sense. Each sentence will contain a verb in the conditional tense:

La obra	conocer a Penélope Cruz.
Real Madrid	sería mejor con un director con experiencia.
Real Madrid	tener más dinero.
Me gustaría	jugaría mejor con una defensa más fuerte.
Sería fantástico	jugaría mejor.

Vocabulario
Una defensa = a defence

Exercise 6.8

¡Escribe!

Translate the sentences in Exercise 6.7 into English.

Exercise 6.9

¡Escribe!

Translate the following sentences into Spanish:

1. Manchester United would play better with a new goalkeeper.
2. The film would be better with a new director.
3. Alba would be happier with a new boyfriend.
4. I would go to the cinema this evening.

Vocabulario
A goalkeeper = un portero
A striker/forward = un delantero

Exercise 6.10

Invent three sentences in line with the model below:

LIVERPOOL	JUGAR	MEJOR	DELANTERO NUEVO

Liverpool jugaría mejor con un nuevo delantero

NB. Only use the 1 verb provided.

ELLOS	ESTAR	MÁS CONTENTO	MÁS DINERO
EL MUNDO	SER	MEJOR	MÁS GENTE BUENA
YO	APRENDER	MÁS	NUEVO PROFESOR

CD 52

Exercise 6.11

¡Escucha!

Listen to this conversation between Luisa and her grandmother about what they would do if they had more money, and then answer the questions:

Vocabulario
La seguridad = the safety, security
Sobrevivir = to survive
El correo electrónico = e-mail
Instantáneo = instantanteous

1. Why does Luisa's grandmother think that Luisa shouldn't have her own mobile?
2. How does Luisa justify that she does need one?
3. How does Luisa respond when her grandmother states that her generation survived perfectly well without mobile phones?
4. What did Luisa's grandmother like about the Franco years?
5. What does Luisa especially like about computers?
6. What does she see as being the two main advantages of the answer to no.5?
7. To whom does Luisa's grandmother send a letter, and how often?
8. Where is Luisa travelling to, and when?
9. What condition does her grandmother lay down as regards sending Luisa a letter?

Exercise 6.12

¡Lee y luego escribe!

Read this summary of the action of the next nerve-wrangling episode of the soap opera 'Amor Peligroso', and then translate into English:

Camino de su casa, Bernardo tiene un accidente. Choca con un camión. Él sale ileso del coche, pero su hija, Marta, se queda inmóvil en su asiento, con la cara cubierta de sangre. A los pocos minutos, llega Vanessa. Ve el accidente, pero, al principio, no se da cuenta de que Marta es una de las víctimas. Al pasar, ve el cuerpo de Marta en el coche. Para y grita. Luego, ve a Bernardo. Saca una pistola de su bolso, se le acerca, y dispara.

Vocabulario
Camino de = on the way to
Chocar con = to crash into
Ileso = uninjured
Inmóvil = motionless
El asiento = the seat
Cubierta = covered
La sangre = the blood
Al principio = in the beginning
Parar = to stop
Acercarse a = to approach
Disparar = to shoot

Exercise 6.13

¡Escribe!
Rewrite Exercise 6.12 by changing the verbs in the present tense into the preterite.

The relative pronoun: que

Que (which, who that) can refer to **things** and **persons** when it is the subject or object of a relative clause. Consider these examples:

El chico que come se llama Jorge = the boy who is eating is called Jorge.

In this example, que refers to the subject (el chico).

Yo compré una entrada que era muy cara = I bought a ticket which was very expensive.

In this example, que refers to la entrada which is the object.

N.B. There is another relative pronoun quien. This refers to persons only and replaces que after the prepositions a, de, con, en.

Exercise 6.14

¡Escribe!
Traduce estas frases al español:

1. The car that crashes with the lorry is Bernardo's.
2. The woman who shoots Bernardo is called Vanessa.
3. The play which they choose is by Lorca.
4. The girls who are talking with Rafael are very happy.
5. The film that they saw was very sad.

Exercise 6.15

¡Escribe!
Combining the nouns, verbs and adjectives below, invent 5 sentences. Use the example to help you:

libro	leer	aburrido

El libro que leo es aburrido.

N.B. You can use any part of the verb, and remember to make the adjective agree. Also, try to use a number of different tenses.

1.	tapas	comer	bueno
2.	película	ver	malo
3.	mujer	cantar	español
4.	naranja	comprar	barato
5.	torero	lidiar	valiente

Vocabulario
lidiar = to fight (in bullring)

CD 53

Exercise 6.16

¡Lee!

Lee este diálogo entre Jorge y Pedro sobre 'Amor Peligroso', y, luego, contesta las preguntas:

Pedro:	¿Viste el episodio de 'Amor Peligroso' ayer?
Jorge:	No. Tuve que ir al médico con mi madre para hablar de mi nuevo régimen.
Pedro:	Pues, es una lástima porque fue fantástico. ¡Qué maravilla de culebrón!
Jorge:	No entiendo cómo te pueden gustar las telenovelas. Son todas iguales. El guión es siempre ridículo y los actores no saben actuar. Son absurdos; no tienen nada que ver con el mundo real.
Pedro:	No es verdad. Están llenos de emociones muy humanas, por ejemplo los celos, la envidia, el engaño, la lujuria.
Jorge:	Tal vez, pero los diálogos son tan poco creíbles; las chorradas que dicen no son cosas que la gente diría.
Pedro:	¡Qué más da! Es pura diversión. A mí, me encanta.
Jorge:	Bueno, ¿y qué pasó exactamente?
Pedro:	¿Ves? Realmente te interesa.
Jorge:	No me interesa en absoluto; sé que tú tienes ganas de hablar de eso.
Pedro:	Bueno, Vanessa le pegó un tiro a Bernardo. Fue genial.
Jorge:	¿Quiénes son Vanessa y Bernardo?
Pedro:	¡Madre mía! ¿En qué planeta vives, Jorge? ¿Por qué no vienes luego a mi casa, y lo vemos juntos?
Jorge:	Primero porque no quiero perder el tiempo, y, segundo, porque he quedado con Elena. Me parece que vamos a salir juntos otra vez.
Pedro:	Enhorabuena. Pero tengo que decirte que tu historia con Elena es como uno de esos culebrones.
Jorge:	No, no creo; todavía no me ha pegado un tiro.
Pedro:	Dale tiempo, Jorge, dale tiempo.

Vocabulario

El guión = the script, screenplay
Tener que ver con = to have to do with
Los celos = jealousy
La envidia = the envy
El engaño = the betrayal, deceit
La lujuria = the lust
Las chorradas = the nonsense
Pegar un tiro = to shoot

Answer the following questions in English:

1. What specific reason does Jorge give for not having watched 'Amor Peligroso yesterday?
2. What criticisms does he make of soap operas?
3. How does Pedro counter Jorge's arguments?
4. What reasons does Jorge give for not watching the programme later with Pedro?
5. In what ways does Jorge's adventure with Elena NOT resemble a soap opera?

CD 54

Exercise 6.17

¡Escucha!
Listen to the conversation between Luisa and her mother, and then answer the questions:

1. For what reasons other than age is Luisa's mother not prepared to buy her a mobile phone?
2. On what does she base her opinion?
3. What specific risk does she refer to?
4. In response to Luisa's request for a computer, what is the mother's suggestion?
5. How does Luisa react to this?
6. What are the advantages of the internet as far as Luisa is concerned?
7. What aspect of videogames is Luisa's mother unhappy about?
8. Whom will she discuss the matter with and when?

Vocabulario
Correr un riesgo = to run a risk
La privacidad = the privacy
Los videojuegos = videogames

Vocabulario 6.1
Al principio = in the beginning
Acercarse a = to approach
La alegría = the happiness
El asiento = the seat
La boda = the wedding
Camino de = on the way to
Los celos = jealousy
Chocar con = to crash into
Las chorradas = the nonsense
La comedia = the comedy
Cubierta = covered
Deprimente = depressing
Disparar = to shoot
La elección = the choice
En común = in common
El enfado = the anger
El engaño = the betrayal, deceit
La envidia = the envy
Estar a régimen = to be on a diet
El guión = the script, screenplay
'Habérmelo dicho antes' = you should have told me beforehand
Hacer caso a = to take notice of
El humor = the humour
Ileso = uninjured
Inmóvil = motionless
La lujuria = the lust
La mezcla = the mixture
La obra = the work
El papel = the role
Parar = to stop
Pegar un tiro = to shoot
Profundo = deep, profound
El refrán = the saying
La sangre = the blood
Surrealista = surreal
Tener que ver con = to have to do with
La tristeza = the sadness

Summary of unit

You will now be able to: understand spoken and written narratives and texts in a range of tenses; understand and express points of view about programmes, films, and other forms of entertainment; understand and use the relative pronoun **que**; adapt previously learnt language and use a variety of tenses with added confidence. You will also have finished the course – congratulations!

Los Verbos

Verbos Regulares

A verb is a "doing" word. If you put "to" in front of a verb in English, you get its Infinitive. "To study", "to learn", "to speak" are all verbs in their infinitive.

Spanish has three groups of verbs: verbs which have an infinitive that ends in -ar, -er or -ir.

Present tense

Regular verbs

To conjugate a verb we remove the -ar, -er, or -ir and add a set of endings to the resulting stem:

	estudi**ar**	com**er**	viv**ir**
Yo	estudi**o**	com**o**	viv**o**
Tú	estudi**as**	com**es**	viv**es**
Él	estudi**a**	com**e**	viv**e**
Nosotros	estudi**amos**	com**emos**	viv**imos**
Vosotros	estudi**áis**	com**éis**	viv**ís**
Ellos	estudi**an**	com**en**	viv**en**

Radical changing verbs

These verbs not only change their ending but also undergo a change in their stem:

	e>ie	**o>ue**	**e>i**
	pensar	jugar	repetir
Yo	p**ie**nso	j**ue**go	rep**i**to
Tú	p**ie**nsas	j**ue**gas	rep**i**tes
Él	p**ie**nsa	j**ue**ga	rep**i**te
Nosotros	pensamos	jugamos	repetimos
Vosotros	pensáis	jugáis	repetís
Ellos	p**ie**nsan	j**ue**gan	rep**i**ten

Reflexive verbs

A reflexive verb describes an action that one does to oneself. In the infinitive, reflexive verbs end in -se, and in the present tense the –se moves to the front and changes into one of the following reflexive pronouns:

	Singular	**Plural**
1st person	Me (myself)	Nos (ourselves)
2nd person	Te (yourself)	Os (yourselves)
3rd person	Se (himself)	Se (themselves)

Here is how they work:

Levantarse	
Yo	**me** levanto
Tú	**te** levantas
Él	**se** levanta
Nosotros	**nos** levantamos
Vosotros	**os** levantáis
Ellos	**se** levantan

Imperative

You use this form of the verb when you want to give an order.

It is formed by removing –ar, -er, -ir and adding the following endings:

Familiar form:			
	estudi**ar**	com**er**	sub**ir**
Singular (tú)	estudi**a**	com**e**	sub**e**
Plural (vosotros)	estudi**ad**	com**ed**	sub**id**

Polite form:			
	estudi**ar**	com**er**	subir
Singular (usted)	estudi**e**	com**a**	sub**a**
Plural (ustedes)	estudi**en**	com**an**	sub**an**

Preterite tense

We use this tense to describe an action which happened in the past and is now complete. To form the preterite, remove the -ar, -er, or –ir and add the following set of endings to the resulting stem:

	estudiar	comer	vivir
Yo	estudi**é**	com**í**	viv**í**
Tú	estudi**aste**	com**iste**	viv**iste**
Él	estudi**ó**	com**ió**	viv**ió**
Nosotros	estudi**amos**	com**imos**	viv**imos**
Vosotros	estudi**asteis**	com**isteis**	viv**isteis**
Ellos	estudi**aron**	com**ieron**	viv**ieron**

Imperfect tense

We use this tense to describe events that happened on a regular basis, for descriptions in the past, and to describe what was happening when something else took place.
The imperfect tense is formed by removing the -ar, -er or -ir and adding the following endings:

	estudiar	comer	vivir
Yo	estudi**aba**	com**ía**	viv**ía**
Tú	estudi**abas**	com**ías**	viv**ías**
Él	estudi**aba**	com**ía**	viv**ía**
Nosotros	estudi**ábamos**	com**íamos**	viv**íamos**
Vosotros	estudi**abais**	com**íais**	viv**ías**
Ellos	estudi**aban**	com**ían**	viv**ían**

Present continous

We use this tense to say what we **are doing** at this moment.
It is formed with the present tense of the verb estar + the gerund (the -ing form in English). To form the gerund you remove -ar, -er, and -ir and add the following endings:

Gerundio:

estudiar	comer	vivir
estudi**ando**	com**iendo**	viv**iendo**

e.g. Yo estoy comiendo = I am eating

Estar:

Yo	Estoy
Tú	Estás
Él	Está
Nosotros	Estamos
Vosotros	Estáis
Ellos	Están

Immediate future

To say what you are going to do you use the verb **ir** + **a** + the **infinitive**:

Yo **voy a comer**	I am going to eat
Tú **vas a comer**	You are going to eat
Él **va a comer**	He is going to eat
Nosotros **vamos a comer**	We are going to eat
Vosotros **vais a comer**	You are going to eat
Ellos **van a comer**	They are going to eat

Future indicative

You use this tense to talk about something that **will** happen or will be true in the future.
To form the future indicative you take the whole infinitive as a stem and add the following endings:

	estudiar	comer	vivir
Yo	estudiar**é**	comer**é**	vivir**é**
Tú	estudiar**ás**	comer**ás**	vivir**ás**
Él	estudiar**á**	comer**á**	vivir**á**
Nosotros	estudiar**emos**	comer**emos**	vivir**emos**
Vosotros	estudiar**éis**	comer**éis**	vivir**éis**
Ellos	estudiar**án**	comer**án**	vivir**án**

The conditional

You use this tense to talk about things that **would** happen.
To form the conditional you take the whole infinitive as a stem and add the following endings:

	estudiar	comer	vivir
Yo	estudiar**ía**	comer**ía**	vivir**ía**
Tú	estudiar**ías**	comer**ías**	vivir**ías**
Él	estudiar**ía**	comer**ía**	vivir**ía**
Nosotros	estudiar**íamos**	comer**íamos**	vivir**íamos**
Vosotros	estudiar**íais**	comer**íais**	vivir**íais**
Ellos	estudiar**ían**	comer**ían**	vivir**ían**

Algunos verbos irregulares

Acostarse (to go to bed)

Present

Yo me acuesto
Tú te acuestas
Él se acuesta
Nosotros nos acostamos
Vosotros os acostáis
Ellos se acuestan

Preterite

Yo me acosté
Tú te acostaste
Él se acostó
Nosotros nos acostamos
Vosotros os acostasteis
Ellos se acostaron

Imperfect

Yo me acostaba
Tú te acostabas
Él se acostaba
Nosotros nos acostábamos
Vosotros os acostabais
Ellos se acostaban

Future

Yo me acostaré
Tú te acostarás
Él se acostará
Nosotros nos acostaremos
Vosotros os acostaréis
Ellos se acostarán

Conditional

Yo me acostaría
Tú te acostarías
Él se acostaría
Nosotros nos acostaríamos
Vosotros os acostaríais
Ellos se acostarían

Gerund

Acostándose

Imperative

Acuéstate (tú)
Acuéstese (usted)
Acostaos (vosotros)
Acuéstensen (ustedes)

Almorzar (to have lunch)

Present

Yo almuerzo
Tú almuerzas
Él almuerza
Nosotros almorzamos
Vosotros almorzáis
Ellos almuerzan

Preterite

Yo almorcé
Tú almorzaste
Él almorzó
Nosotros almorzamos
Vosotros almorzasteis
Ellos almorzaron

Imperfect

Yo almorzaba
Tú almorzabas
Él almorzaba
Nosotros almorzábamos
Vosotros almorzabais
Ellos almorzaban

Future

Yo almorzaré
Tú almorzarás
Él almorzará
Nosotros almorzaremos
Vosotros almorzaréis
Ellos almorzarán

Conditional

Yo almorzaría
Tú almorzarías
Él almorzaría
Nosotros almorzaríamos
Vosotros almorzaríais
Ellos almorzarían

Gerund

Almorzando

Imperative

Almuerza (tú)
Almuerce (usted)
Almorzad (vosotros)
Almuercen (ustedes)

Comenzar (to begin)

Present

Yo comienzo
Tú comienzas
Él comienza
Nosotros comenzamos
Vosotros comenzáis
Ellos comienzan

Preterite

Yo comencé
Tú comenzaste
Él comenzó
Nosotros comenzamos
Vosotros comenzasteis
Ellos comenzaron

Imperfect

Yo comenzaba
Tú comenzabas
Él comenzaba
Nosotros comenzábamos
Vosotros comenzabais
Ellos comenzaban

Future

Yo comenzaré
Tú comenzarás
Él comenzará
Nosotros comenzaremos
Vosotros comenzaréis
Ellos comenzarán

Conditional

Yo comenzaría
Tú comenzarías
Él comenzaría
Nosotros comenzaríamos
Vosotros comenzaríais
Ellos comenzarían

Gerund

Comenzando

Imperative

Comienza (tú)
Comience (usted)
Comenzad (vosotros)
Comiencen (ustedes)

Despertarse (to wake up)

Present

Yo me despierto
Tú te despiertas
Él se despierta
Nosotros nos despertamos
Vosotros os despertáis
Ellos se despiertan

Preterite

Yo me desperté
Tú te despertaste
Él se despertó
Nosotros nos despertamos
Vosotros os despertasteis
Ellos se despertaron

Imperfect

Yo me despertaba
Tú te despertabas
Él se despertaba
Nosotros nos despertábamos
Vosotros os despertabais
Ellos se despertaban

Future

Yo me despertaré
Tú te despertarás
Él se despertará
Nosotros nos despertaremos
Vosotros os despertaréis
Ellos se despertarán

Conditional

Yo me despertaría
Tú te despertarías
Él se despertaría
Nosotros nos despertaríamos
Vosotros os despertaríais
Ellos se despertarían

Gerund

Despertándose

Imperative

Despiértate (tú)
Despiértese (usted)
Despertaos (vosotros)
Despiértense (ustedes)

Doler (to hurt)
It works like gustar:

Present

(A mí) me duele
(A ti) te duele
(A él) le duele
(A nosotros) nos duele
(A vosotros) os duele
(A ellos) les duele

Preterite

(A mí) me dolió
(A ti) te dolió
(A él) le dolió
(A nosotros) nos dolió
(A vosotros) os dolió
(A ellos) les dolió

Imperfect

(A mí) me dolía
(A ti) te dolía
(A él) le dolía
(A nosotros) nos dolía
(A vosotros) os dolía
(A ellos) les dolía

Future

(A mí) me dolerá
(A ti) te dolerá
(A él) le dolerá
(A nosotros) nos dolerá
(A vosotros) os dolerá
(A ellos) les dolerá

Conditional

(A mí) me dolería
(A ti) te dolería
(A él) le dolería
(A nosotros) nos dolería
(A vosotros) os dolería
(A ellos) les dolería

Gerund

Doliendo

Dormir (to sleep)

Present

Yo duermo
Tú duermes
Él duerme
Nosotros dormimos
Vosotros dormís
Ellos duermen

Preterite

Yo dormí
Tú dormiste
Él durmió
Nosotros dormimos
Vosotros dormisteis
Ellos durmieron

Imperfect

Yo dormía
Tú dormías
Él dormía
Nosotros dormíamos
Vosotros dormíais
Ellos dormían

Future

Yo dormiré
Tú dormirás
Él dormirá
Nosotros dormiremos
Vosotros dormiréis
Ellos dormirán

Conditional

Yo dormiría
Tú dormirías
Él dormiría
Nosotros dormiríamos
Vosotros dormiríais
Ellos dormirían

Gerund

Durmiendo

Imperative

Duerme (tú)
Duerma (usted)
Dormid (vosotros)
Duerman (ustedes)

Empezar (to start, to begin)

Present

Yo empiezo
Tú empiezas
Él empieza
Nosotros empezamos
Vosotros empezáis
Ellos empiezan

Preterite

Yo empecé
Tú empezaste
Él empezó
Nosotros empezamos
Vosotros empezasteis
Ellos empezaron

Imperfect

Yo empezaba
Tú empezabas
Él empezaba
Nosotros empezábamos
Vosotros empezabais
Ellos empezaban

Future

Yo empezaré
Tú empezarás
Él empezará
Nosotros empezaremos
Vosotros empezaréis
Ellos empezarán

Conditional

Yo empezaría
Tú empezarías
Él empezaría
Nosotros empezaríamos
Vosotros empezaríais
Ellos empezarían

Gerund

Empezando

Imperative

Empieza (tú)
Empiece (usted)
Empezad (vosotros)
Empiecen (ustedes)

Estar (to be)

Present	**Preterite**
Yo estoy	Yo estuve
Tú estás	Tú estuviste
Él está	Él estuvo
Nosotros estamos	Nosotros estuvimos
Vosotros estáis	Vosotros estuvisteis
Ellos están	Ellos estuvieron

Imperfect	**Future**
Yo estaba	Yo estaré
Tú estabas	Tú estarás
Él estaba	Él estará
Nosotros estábamos	Nosotros estaremos
Vosotros estabais	Vosotros estaréis
Ellos estaban	Ellos estarán

Conditional

Yo estaría
Tú estarías
Él estaría
Nosotros estaríamos
Vosotros estaríais
Ellos estarían

Gerund

Estando

Imperative

Está (tú)
Esté (usted)
Estad (vosotros)
Estén (ustedes)

Estar is used:

1. To express location or position.
2. To describe status and conditions that are changeable, i.e. not permanent or inherent.
3. To create a continuous tense with the present participle.

Gustar (to like)

Present	**Preterite**
(A mí) me gusta	(A mí) me gustó
(A ti) te gusta	(A ti) te gustó
(A él) le gusta	(A él) le gustó
(A nosotros) nos gusta	(A nosotros) nos gustó
(A vosotros) os gusta	(A vosotros) os gustó
(A ellos) les gusta	(A ellos) les gustó

Imperfect

(A mí) me gustaba
(A ti) te gustaba
(A él) le gustaba
(A nosotros) nos gustaba
(A vosotros) os gustaba
(A ellos) les gustaba

Future

(A mí) me gustará
(A ti) te gustará
(A él) le gustará
(A nosotros) nos gustará
(A vosotros) os gustará
(A ellos) les gustará

Conditional

(A mí) me gustaría
(A ti) te gustaría
(A él) le gustaría
(A nosotros) nos gustaría
(A vosotros) os gustaría
(A ellos) les gustaría

Gerund

Gustando

Other verbs that work like gustar are:

Encantar (to love)
Interesar (to be interested in)
Chiflar (to adore)

Hacer (to do, to make)

Present

Yo hago
Tú haces
Él hace
Nosotros hacemos
Vosotros hacéis
Ellos hacen

Preterite

Yo hice
Tú hiciste
Él hizo
Nosotros hicimos
Vosotros hicisteis
Ellos hicieron

Imperfect

Yo hacía
Tú hacías
Él hacía
Nosotros hacíamos
Vosotros hacíais
Ellos hacían

Future

Yo haré
Tú harás
Él hará
Nosotros haremos
Vosotros haréis
Ellos harán

Conditional

Yo haría
Tú harías
Él haría
Nosotros haríamos
Vosotros haríais
Ellos harían

Gerund

Haciendo

Imperative

Haz (tú)
Haga (usted)
Haced (vosotros)
Hagan (ustedes)

Haber (impersonal verb)

Present

Hay (there is, there are)

Preterite

Hubo (there was, there were)

Imperfect

Había (there was, there were)

Future

Habrá (there will be)

Conditional

Habría (there would be)

Ir (to go)

Present

Yo voy
Tú vas
Él va
Nosotros vamos
Vosotros vais
Ellos van

Preterite

Yo fui
Tú fuiste
Él fue
Nosotros fuimos
Vosotros fuisteis
Ellos fueron

Imperfect

Yo iba
Tú ibas
Él iba
Nosotros íbamos
Vosotros ibais
Ellos iban

Future

Yo iré
Tú irás
Él irá
Nosotros iremos
Vosotros iréis
Ellos irán

Conditional

Yo iría
Tú irías
Él iría
Nosotros iríamos
Vosotros iríais
Ellos irían

Gerund

Yendo

Imperative

Ve (tú)
Vaya (usted)
Id (vosotros)
Vayan (ustedes)

Jugar (to play)

Present

Yo juego
Tú juegas
Él juega
Nosotros jugamos
Vosotros jugáis
Ellos juegan

Preterite

Yo jugué
Tú jugaste
Él jugó
Nosotros jugamos
Vosotros jugasteis
Ellos jugaron

Imperfect

Yo jugaba
Tú jugabas
Él jugaba
Nosotros jugábamos
Vosotros jugabais
Ellos jugaban

Future

Yo jugaré
Tú jugarás
Él jugará
Nosotros jugaremos
Vosotros jugaréis
Ellos jugarán

Conditional

Yo jugaría
Tú jugarías
Él jugaría
Nosotros jugaríamos
Vosotros jugaríais
Ellos jugarían

Gerund

Jugando

Imperative

Juega (tú)
Juegue (usted)
Jugad (vosotros)
Jueguen (ustedes)

Pensar (to think)

Present

Yo pienso
Tú piensas
Él piensa
Nosotros pensamos
Vosotros pensáis
Ellos piensan

Preterite

Yo pensé
Tú pensaste
Él pensó
Nosotros pensamos
Vosotros pensasteis
Ellos pensaron

Imperfect

Yo pensaba
Tú pensabas
Él pensaba
Nosotros pensábamos
Vosotros pensabais
Ellos pensaban

Future

Yo pensaré
Tú pensarás
Él pensará
Nosotros pensaremos
Vosotros pensaréis
Ellos pensarán

Conditional

Yo pensaría
Tú pensarías
Él pensaría
Nosotros pensaríamos
Vosotros pensaríais
Ellos pensarían

Gerund

Pensando

Imperative

Piensa (tú)
Piense (usted)
Pensad (vosotros)
Piensen (ustedes)

Preferir (to prefer)

Present

Yo prefiero
Tú prefieres
Él prefiere
Nosotros preferimos
Vosotros preferís
Ellos prefieren

Preterite

Yo preferí
Tú preferiste
Él prefirió
Nosotros preferimos
Vosotros preferisteis
Ellos prefirieron

Imperfect

Yo prefería
Tú preferías
Él prefería
Nosotros preferíamos
Vosotros preferíais
Ellos preferían

Future

Yo preferiré
Tú preferirás
Él preferirá
Nosotros preferiremos
Vosotros preferiréis
Ellos preferirán

Conditional

Yo preferiría
Tú preferirías
Él preferiría
Nosotros preferiríamos
Vosotros preferiríais
Ellos preferirían

Gerund

Prefiriendo

Imperative

Prefiere (tú)
Prefiera (usted)
Preferid (vosotros)
Prefieran (ustedes)

Poder (to be able to)

Present

Yo puedo
Tú puedes
Él puede
Nosotros podemos
Vosotros podéis
Ellos pueden

Preterite

Yo pude
Tú pudiste
Él pudo
Nosotros pudimos
Vosotros pudisteis
Ellos pudieron

Imperfect

Yo podía
Tú podías
Él podía
Nosotros podíamos
Vosotros podíais
Ellos podían

Future

Yo podré
Tú podrás
Él podrá
Nosotros podremos
Vosotros podréis
Ellos podrán

Conditional

Yo podría
Tú podrías
Él podría
Nosotros podríamos
Vosotros podríais
Ellos podrían

Gerund

Pudiendo

Imperative

Puede (tú)
Pueda (usted)
Poded (vosotros)
Puedan (ustedes)

Poner (to put)

Present

Yo pongo
Tú pones
Él pone
Nosotros ponemos
Vosotros ponéis
Ellos ponen

Preterite

Yo puse
Tú pusiste
Él puso
Nosotros pusimos
Vosotros pusisteis
Ellos pusieron

Imperfect

Yo ponía
Tú ponías
Él ponía
Nosotros poníamos
Vosotros poníais
Ellos ponían

Future

Yo pondré
Tú pondrás
Él pondrá
Nosotros pondremos
Vosotros pondréis
Ellos pondrán

Conditional

Yo pondría
Tú pondrías
Él pondria
Nosotros pondríamos
Vosotros pondríais
Ellos pondrían

Gerund

Poniendo

Imperative

Pon (tú)
Ponga (usted)
Poned (vosotros)
Pongan (ustedes)

Querer (to want)

Present

Yo quiero
Tú quieres
Él quiere
Nosotros queremos
Vosotros queréis
Ellos quieren

Preterite

Yo quise
Tú quisiste
Él quiso
Nosotros quisimos
Vosotros quisisteis
Ellos quisieron

Imperfect

Yo quería
Tú querías
Él quería
Nosotros queríamos
Vosotros queríais
Ellos querían

Future

Yo querré
Tú querrás
Él querrá
Nosotros querremos
Vosotros querréis
Ellos querrán

Conditional

Yo querría
Tú querrías
Él querría
Nosotros querríamos
Vosotros querríais
Ellos querrían

Gerund

Queriendo

Imperative

Quiere (tú)
Quiera (usted)
Quered (vosotros)
Quieran (ustedes)

Ser (to be)

Present

Yo soy
Tú eres
Él es
Nosotros somos
Vosotros sois
Ellos son

Preterite

Yo fui
Tú fuiste
Él fue
Nosotros fuimos
Vosotros fuisteis
Ellos fueron

Imperfect

Yo era
Tú eras
Él era
Nosotros éramos
Vosotros erais
Ellos eran

Future

Yo seré
Tú serás
Él será
Nosotros seremos
Vosotros seréis
Ellos serán

Conditional

Yo sería
Tú serías
Él sería
Nosotros seríamos
Vosotros seríais
Ellos serían

Gerund

Siendo

Imperative

Sé (tú)
Sea (usted)
Sed (vosotros)
Sean (ustedes)

Ser is used:

1. To denote characteristics that are inherent and therefore permanent.
2. To denote origin.
3. With nouns.
4. To express ownership.
5. To express time and dates.

Tener (to have)

Present

Yo tengo
Tú tienes
Él tiene
Nosotros tenemos
Vosotros tenéis
Ellos tienen

Preterite

Yo tuve
Tú tuviste
Él tuvo
Nosotros tuvimos
Vosotros tuvisteis
Ellos tuvieron

Imperfect

Yo tenía
Tú tenías
Él tenía
Nosotros teníamos
Vosotros teníais
Ellos tenían

Future

Yo tendré
Tú tendrás
Él tendrá
Nosotros tendremos
Vosotros tendréis
Ellos tendrán

Conditional

Yo tendría
Tú tendrías
Él tendría
Nosotros tendríamos
Vosotros tendríais
Ellos tendrían

Gerund

Teniendo

Imperative

Ten (tú)
Tenga (usted)
Tened (vosotros)
Tengan (ustedes)

Volver (to return)

Present

Yo vuelvo
Tú vuelves
Él vuelve
Nosotros volvemos
Vosotros volvéis
Ellos vuelven

Preterite

Yo volví
Tú volviste
Él volvió
Nosotros volvimos
Vosotros volvisteis
Ellos volvieron

Imperfect

Yo volvía
Tú volvías
Él volvía
Nosotros volvíamos
Vosotros volvíais
Ellos volvían

Future

Yo volveré
Tú volverás
Él volverá
Nosotros volveremos
Vosotros volveréis
Ellos volverán

Conditional

Yo volvería
Tú volverías
Él volvería
Nosotros volveríamos
Vosotros volveríais
Ellos volverían

Gerund

Volviendo

Imperative

Vuelve (tú)
Vuelva (usted)
Volved (vosotros)
Vuelvan (ustedes)

Vocabulario: español-inglés

a causa de = because of
a diario = daily
a eso de = around (time)
a finales de = at the end of
a lo largo de = throughout
a lo lejos = in the distance
a lo mejor = probably
a mano = on the....hand side
a menudo = often
a mi juicio = in my judgement
a pesar de = in spite of
a veces = sometimes
a ver si = let's see whether, let's hope that
abalanzarse sobre = to hurl oneself at
abogado, el = the lawyer
abrazo, el = hug, embrace; un abrazo = with best wishes
abrigo, el = coat, overcoat
abril (masc.) = April
abrir = to open
abuela, la = grandmother
abuelo, el = grandfather
aburrido = boring
acabar de + infinitivo = to have just done something
academia, la = academy
accidente, el = accident
aceite, el = oil
aceituna, la = olive
acento, el = accent
acercarse a = to approach
aclaración, la = clarification
acompañar = to accompany
acordarse (ue) = to remember
acostarse (ue) = to go to bed
actividad, la = activity
activo = active
actor, el = actor
actuar = to perform
Acuario = Aquarius (star sign)
acuerdo, el = agreement
acuesto: see acostarse (ue)
adecuado = adequate, appropriate
adelgazar = to lose weight
además = besides
adivinar = to guess
adjetivo, el = adjective
adjuntar = to enclose/attach
admirador, el = admirer
¿adónde? = where to?
afeitarse = to shave
afición, la = pastime, hobby
aficionado, el = fan, supporter
afueras, las = outskirts
agencia de publicidad, la = advertising agency
agencia de viajes, la = travel agents
agenda, la = diary, address book
agosto = August
agradable = pleasant
aguantar = to put up with, stand, tolerate
ahora mismo = right now
ahorrar = to save (money, time)
aire acondicionado, el = air-conditioning
ajedrez, el = chess
ajo, el = garlic
al extranjero = abroad
al fin de = at the end of
al fin y al cabo = when all's said and done
al lado de = next to
al principio = in the beginning
alcanzar = to reach, go up to
alegre = happy
alegría, la = happiness
alemán = German
Alemania (fem.) = Germany
alfabeto, el = alphabet
alfombra, la = carpet
algo = something
algo, tomar = to have a drink
algodón, el = cotton
algún, alguna = some
algunas veces = sometimes
allá = there (in the distance)
allí = there (quite near)
almacén, el = department store
almeja, la = clam
almorzar (ue) = to have lunch
almuerzo, el = lunch
alojamiento, el = accommodation
alquiler, el = rent/hire
alto = tall
alumno/a, el/la = pupil

ama (fem.) de casa, el = housewife
amarillo = yellow
ambiente, el = atmosphere
amenazar con = to threaten to
amistad, la = friendship
América (fem.) = America
americano = American
amplio = wide, broad
añadir = to add
¡anda! = come on, come off it!
andaluz = from the region of Andalucía
andando = on foot
andar = to walk
animar = to encourage
año que viene, el = next year
antes de (+ infin.) = before -ing
Antillas, Las = Antilles islands
antipático = horrible, unkind
anunciar = to advertise
anuncio, el = advertisement
apartado postal (apdo. postal), el = P.O. box
apagar = to switch off
aparte (adverb) = apart
apellido, el = surname
apetecer = to feel like
apodo, el = nickname
apreciar = to appreciate
aprender = to learn
aprobar (ue) = to pass (an examination)
apunte, el = note
aquí = here
árbol, el = tree
aridísimo = extremely dry
Aries = Aries (star sign)
armario, el = wardrobe, cupboard
arqueológico = archaelogical
arrastrar = to drag
arreglar = to fix
arreglarse = to get ready
arriba = above, upstairs
arroz, el = rice
así = like that
así que = so, so then
asiento, el = seat
asignatura, la = subject (school)
asqueroso = disgusting
atender = to serve
atletismo, el = athletics
atropellar = to knock over
aula (fem.), el = classroom
autobús, el = bus
autocar, el = coach
autovía, la = dual-carriageway
ayer = yesterday
ayudante, el = helper
ayudar = to help
Ayuntamiento, el = town hall
aztecas, los = the Aztecs
azúcar, el = sugar
azul = blue
azul marino = navy blue
baca, la = roof-rack
bailar = to dance
bajar = to go down
bajo = short (height), low
balón, el = the ball
baloncesto, el = basketball
balonmano, el = handball
bañarse = to have a bath, to swim in the sea
banco, el = bench; bank
banda, la = band/group
bañador, el = swimming costume
bañera, la = bath
baño, el = bathroom
barato = cheap
barbaridad, la = barbarism
barca, la = small boat
bastante = quite, enough
bastar = to be enough, sufficient
basura, la = rubbish
batido, el = milkshake
beber = to drink
bebida, la = drink
biblioteca, la = library
bici, la (abbreviation) = bike
bicicleta, la = bicycle
bloque, el = block of flats
boca, la = mouth
bocadillo, el = sandwich
boda, la = wedding
boli, el (abbreviation) = pen
bolígrafo, el = pen, biro
bolso, el = bag, purse
bombardeo, el = bombardment
bonito = pretty, nice-looking
bota, la = boot
botellín, el = little bottle
brazo, el = arm
bueno (buen before masc. sing. noun) = good
buey, el = ox

bufanda, la = scarf
burro, el = donkey
buscar = to look for
butaca, la = armchair
cabalgata, la = parade, procession
caballo, el = horse
cabeza, la = head
cada = each, every
cada vez más = more and more
cadena montañosa, la = mountain range
caer = to fall
caer bien = to like (a person)
café (con leche), el = (white) coffee
cafetería, la = café
calamar, el = squid
calcetín, el = sock
calculador = calculating
caliente = hot
callarse = to be quiet
calle, la = street
calor, el = heat
cama, la = bed
camarero/a, el/la = waiter, waitress
cambiar = change
camino de = on the way to
camisa, la = shirt
camiseta, la = t-shirt
camiseta polo, la = short-sleeved sports shirt
campaña, la = campaign
campo, el = countryside, field
Canarias, las = the Canaries
cansado = tired
cantante, el = singer
capa de ozono, la = ozone layer
Capricornio = Capricorn (star sign)
cara, la = face
carácter, el = character
característica, la = characteristic
Caribe, el = the Caribbean
cariño = darling
cariñoso = loving, affectionate
carné de indentidad, el = i.d. card
carne, la = meat, flesh
carpeta, la = file, folder
carrera, la = career
carretera, la = road
carta, la = letter, playing card
cartón, el = cardboard
casa, la = house
casado = married
casero = homemade
casi = almost
castaño = chestnut-coloured
castellano = Castilian, Spanish
castillo, el = castle
cebolla, la = onion
celos, los = jealousy
cena, la = dinner
cenar = to have one's evening meal
Centroamérica (fem.) = central America
cerca (de) = close, near (to)
cercano = near (adj.)
cerdo, el = pork
cereales, los = cereals
cerveza, la = beer
chabola, la = shack
chalet, el = a detached villa
champán, el = champagne
champiñón, el = mushroom
chándal, el = tracksuit
chapuza, la = odd job
chaqueta, la = jacket
charlar = to chat
chica, la = girl
chico, el = boy
chiflar = to be crazy about (works like gustar)
Chile (masc.) = Chile
chileno = Chilean
chillar = to scream
chiringuito, el = beach bar
chocar con = to crash into
chorizo, el = red spicy sausage
chorradas, las = nonsense
chubascos, los = showers
chuches, las (chucherías) = sweets
chuleta, la = chop
chulo = cool (colloquial)
cielo, el = sky, heaven
cien(to) = hundred
ciencias, las = the sciences; science
cigarillo, el = cigarette
cinturón, el = belt
ciudad, la = the city
clara, la = shandy
claro = of course, clear, bright
claros, los = clear patches
clase, la = class, classroom
clima, el = climate
coca cola, la = coke
cocer (ue) = to cook

coche, el = car
cocina, la = kitchen, cuisine
cocinar = to cook
cocinero, el = cook
codo, el = elbow
coger = to take, catch
colacao, el = a popular chocolate drink
cole, el = school (shortened form)
colegio, el = school (primary)
colocar = to put, place
Colombia (fem.) = Columbia
colombiano = Columbian
colonia, la = colony
color, el = colour
comedia, la = comedy
comedor, el = dining room
comentario, el = commentary
comenzar (ie) = to begin
comer = to eat
comida grasa, la = fatty foods
comida, la = food, meal, lunch
comisaría, la = police station
como consecuencia = as a result
cómodo = comfortable
compact disc, el = cd, cd player
compañero/a, el/la = companion, classmate
comparar = to compare
compartir = to share
competencia, la = rivalry
completar = to complete
completo = complete
componerse de = to be made up of
compositor, el = composer
compra, la = shopping
comprar = to buy
comprender = to understand
conejo, el = rabbit
confianza, la = trust
conformarse = to make do
congelador, el = freezer
conocer = to know (a person or place)
conseguir = to get
consejo, el = advice
conservar = to conserve
consistir en = to consist of
constituir = to constitute
construir = to build
contaminación, la = pollution
contar = to tell, count
contenedor, el = bin, container, skip
contento = content, happy
contestar = to answer
contigo = with you
contrato fijo, el = fixed contract
convencer = to convince
conversación, la = conversation
convertirse en (+noun) = to become
copa, la = glass, drink with mixer
copia, la = the copy
corazón, el = heart
corbata, la = cravat, neck-tie
cordero, el = lamb
corona, la = crown
correcto = correct
corregir (i) = to correct
correo electrónico, el = e-mail
Correos = post office
correr = to run
correr un riesgo = to run a risk
corresponsal, el = correspondent, (pen-pal)
corrida de toros, la = bullfight
cortar = to cut
corto = short (length)
cosa, la = thing
Costa Rica (fem.) = Costa Rica
costa, la = coast
costumbre, la = habit
crear = to create
creer = to think, believe
crema solar, la = sun cream
crónica, la = news report
cruzar = to cross
cuaderno, el = exercise book
cuadro, el = painting
cuál ¿cuál? = which? what? (interrog.)
cualquier = any (before adj.)
cualquier cosa = anything
cuanto antes = as soon as possible
cuarto = fourth
cuarto de baño, el = bathroom
cuarto, el = room
cubano = Cuban
cubierto = covered, overcast
cucharadita, una = a teaspoonful
cuello, el = neck
cuerpo, el = body
cuero, el = leather
cuidado, el = care
culebrón, el = soap opera
cultivo, el = crop

cumpleaños, el = the birthday
cumplir = to reach the age of
cura, el = priest
curiosidad, la = curiosity
curso, el = (school) year
danés = Danish
dar = to give
darse cuenta de = to realise
de acuerdo ¡de acuerdo! = agreed!
de antemano = in advance
de camino = on the way
de hecho = in fact
de lujo = luxury, high class
de maravilla = brilliantly
de media = on average
de moda = fashionable, trendy
de momento = for the time being
de nada = not at all, it's my pleasure
de nuevo = again
de primer plato = as a first course
de segundo = as a second course
de todas formas = at any rate, anyhow, anyway
de vez en cuando = from time to time
debajo de = under
deber = to ought (must)
debería = I/he/she ought
deberías = you should
decidir = to decide
décimo = tenth
dedo, el = finger
defensa, la = the defence
dejar = to leave, allow, drop off
dejar de + infinitivo = to stop doing something
dejar el nido = to flee the nest
delante de = in front of
delantero, el = forward, striker
deletrear = to spell out
delgado = thin, slim
demás, los = the rest
demasiado = too/too much
demostrar = to show
dentro de x minutos = in x minutes' time
denunciar = to report (a crime etc)
dependienta, la = shop assistant
deporte, el = sport
deportista = sporty
deportivo = sporty
depósito, el = deposit
deprimente = depressing
derecho = right
desarrollar = to develop
desayunar = to have breakfast
descansar = to rest
describir = to describe
descripción, la = description
descubrir = to discover
descuento, el = discount
desde = from
desde luego = of course
desembarcar = to disembark, get off
despacio = slow, slowly
despejado = clear
desperdiciar = to waste
despertarse (ie) = to wake up
destrozado = destroyed
detergente, el = washing-up liquid
detrás de = behind
devuelto = returned
diario = daily
dibujar = to draw
dibujo, el = art, picture, drawing
dibujos animados, los = cartoons
dicho esto = that said
diente, el = tooth
dieta, la = diet
dificultad, la = difficulty
dinero, el = money
diplomático, el = diplomat
dirección, la = address
dirigirse a = to write to (formal letter)
discoteca, la = disco
discurso, el = speech
disfrutar = to enjoy
disparar = to shoot
dispuesto = prepared
distinto = different
divertido = fun, funny, amusing
diversiones, las = pastimes
divinamente = beautifully, fantastically
doblar = to turn
documental, el = documentary
doler = to hurt
dolor, el = pain, ache
domicilio, el = residence
domingo de Pascua, el = Easter Sunday
dominio, el = command
dorado = golden, gold-coloured
dormilón, el = someone who sleeps a lot
dormir (ue) = to sleep
dormitorio, el = bedroom

drogas, las = drugs
ducha, la = shower
ducharse = to have a shower
dueño, el = owner
dulce = sweet
durante = during
durar = to last
e = and (before i/hi)
echar = to add, post
echar de menos = to miss (a person/place)
echar una mano = to lend a hand
Ecuador (masc.) = Ecuador
edad, la = age
edificio, el = building
educación física, la = p.e. (physical education)
educación secundaria obligatoria, la = compulsory secondary education (i.e. secondary school)
educado = polite, cultured
efectivamente = absolutely right
egoísta = selfish
egoísta, el = the selfish person
ejército, el = the army
El Salvador (masc.) = El Salvador
elección, la = choice
elegir = to choose
emblemático = emblematic
embutidos, los = products such as chorizo, salchichón, jamón
emilio, el (slang) = e-mail
emisora, la = radio station
emocionante = exciting
emparejar = to match up
empezar (ie) = to start, begin
empresa, la = company, firm
empujar = to push
en cambio = on the other hand
en común = in common
en cuanto = as soon as
en cuanto a = as regards
en efectivo = by cash
en general = generally
en lugar de = instead of
en mi opinión = in my opinion
en punto = on the dot, o'clock
en seguida = at once
en total = in total
en vez de = instead of
encantado (de conocerte) = pleased (to meet you)
encantar = to love (works like gustar)
encender = to switch/turn on
encerrar = to shut, lock up
encontrar (ue) = to meet, to find
encontrarse bien/mal = to feel good/bad
encuesta, la = survey
energía, la = energy
enfadado = angry
enfado, el = anger
enfrente (de) = opposite (to)
engaño, el = betrayal, deceit
engordar = to put on weight
enseñar = to show, teach
entenderse = to get on with
entonces = then, so then
entrada, la = ticket
entrar = to enter, go in
entre = between
entre semana = weekdays
entretenido = entertaining
entrevista, la = interview
enviar = to send
envidia, la = envy
época, la = period, time
equilibrado = balanced
equipo, el = team, equipment
equitación, la = (horse) riding
equivocarse = to be wrong
es decir = that is to say, i.e.
escaparse = to escape, get away
escarcha, la = frost
escocés = Scottish
Escocia (fem.) = Scotland
escolar (adj.) = (of a) school
Escorpio = Scorpion (star sign)
escuchar = to listen
escuela, la = school
escuela taurina, la = bullfighting school
ese, esa, esos, esas = that, those (demonstrative adjective)
ése, ésa, ésos, ésas = that, those (demonstrative pronoun)
esfuerzo, el = effort
ESO = compulsory secondary education
eso es = that's right
espada, la = sword
espalda, la = back
España (fem.) = Spain
español = Spanish
español, el = Spanish (language)
especial = special, fussy
especialmente = especially

espectáculo, el = spectacle
espejo, el = mirror
espray, el = spray
esquiar = to ski
esquina, la = corner (street/ road)
esquivar = to avoid
estación, la = station, season
estadio, el = stadium
Estados Unidos, los = USA
estadounidense = American
estancia, la = the stay
estantería, la = bookcase
estar a gusto = to feel good, at ease
estar a punto de = to be on the point of
estar a régimen = to be on a diet
estar bueno = to be tasty
estar de acuerdo = to agree
estar de rebajas = to be on sale
estar despejado = to be clear
estar en coma = to be in a coma
estar harto = to be fed up
estar impresionado = to be impressed
estar loco por = to be crazy about
estar hecho polvo = to be distraught/extremely tired
estar nublado = to be cloudy
estar seguro = to be sure
estar tumbado = to be lying down
estatua, la = statue
este, el = east
éste/a/o = this (one)
esto = this (thing)
estrategia, la = strategy
estresante = stressful
estropeado = broken (down)
estudiante, el/la = student
estudiar = to study
estudio, el = study
estupendo = superb/great
evitar = to avoid
exactamente = exactly
examen, el = exam
excepto = except (for)
explorador, el = explorer
extinción, la = extinction
extrañar = to surprise
extranjero = foreign, abroad
extranjero, el = foreigner
extremo meridional, el = the southern end
extrovertido = outgoing, extrovert
fácil = easy
fácilmente = easily
faena, la = bullfighter's display/performance
falda, la = skirt
falla, la = ornate cardboard figure
falso = false
familia, la = family
famoso = famous
farmacia, la = chemists
fastidiar = to bother, annoy
fastidio, el = nuisance, boredom
fatal = awful
favorito = favourite
febrero = February
fecha, la = date
fecha de caducidad, la = expiry date
feliz = happy, good-natured
fenomenal = brilliant
feo = ugly
feria, la = fair, market, show
fiarse de = to trust
ficha, la = form, record-card
fiesta, la = the party, festival
fijarse en = to take notice of
filete, el = fillet
filme, el = film
fin de semana, el = weekend
fin, el = end
final de, el = the end of
física, la = physics
físico, el = appearance
flor, la = flower
folleto, el = brochure
footing, el = hiking
forma, la = shape, form
fortísimo = very, very loud/strong
francés = French
francés, el = French (language)
Francia (fem.) = France
frase, la = sentence
frecuencia, con poca = rarely
frecuencia, la = frequency
fregadero, el = sink
fregar (ie) = to scrub (wash dishes)
fresquito = cool, fresh
fresco = fresh, cool
frío, hacer = to be cold
fruta, la = fruit
fue (from ser) = he/she/it was
fuera = outside

fuerte = strong
fumar = to smoke
funcionar = to work
furioso = angry, furious
fútbol sala, el = indoor (5-a-side) football
fútbol, el = football
gafas de sol, las = sunglasses
gafas, las = glasses
galés = Welsh
Gales (masc.) = Wales
galleta, la = biscuit
gamba, la = prawn
gana, la = wish, desire
ganar = to win, earn
ganga, la = bargain
gastar = to spend (money)
gastos, los = expenses, costs
gato, el = cat
gemela, la = twin
Géminis = Gemini
generoso = generous
genial = great
genio, el = genius
gente, la (used in singular) = people
geografía, la = geography
gestión, la = measure, step
gimnasia, la = gymnastics
girar en torno a = to revolve around
golf, el = golf
golfo, el = the gulf
goma, la = rubber
gordo = fat
gorro, el = cap, beret
gracioso = funny
grado, el = degree
grandes almacenes, los = department store
granja, la = farm
gravemente = seriously
Grecia (fem.) = Greece
griego = Greek
gris = grey
gritar = to yell
grupo, el = group, band
guante, el = glove
guapo = handsome, pretty
Guatemala (fem.) = Guatemala
guay = super, great, cool (informal)
Guerra Civil, la = Spanish Civil War (1936-1939)
guión, el = script
guitarra, la = guitar
gustar = to please, like
gusto, el = taste, pleasure, liking for
ha habido = there has been
'habérmelo dicho antes' = 'you should have told me before'
había = there was/were
hábil = skilful
habitación, la = room
habitante, el/la = inhabitant
hablar por teléfono = to speak on the telephone
hace (mucho) calor = it's (very) hot
hace (mucho) frío = it's (very) cold
hace buen tiempo, hace bueno = it's fine weather
hace fresco = it's cool, chilly
hace mal tiempo, hace malo = it's bad weather
hace poco = not long ago
hace sol = it's sunny
hace viento = it's windy
hace x grados = it's x degrees
hacer (irreg.) = to do, make
hacer caso a/de = to take notice of
hacer de extra = to work as an extra
hacer ejercicio = to do exercise
hacer un esfuerzo = to make an effort
hacer falta = to be necessary
hacer 'footing' = to go jogging
hacer la compra = to do the shopping
hacer los deberes = to do one's homework
hacer vela = to go sailing
hacerse (irreg.) = to become
hamaca, la = hammock
hambre (fem.), el = hunger
hamburguesa, la = hamburger
harto, estar = to be fed up
hasta = until, even
hasta la vista = see you later
hasta luego = see you later
hay = there is, there are
hay escarcha = it's frosty
hay hielo = it's icy
hay niebla = it's foggy
hay que + infinitivo = one has to
hay tormenta = it's stormy
helado = frozen
helado, el = ice-cream
herido = injured
hermana, la = sister
hermanastra, la = step-sister
hermanastro, el = step-brother
hermano, el = brother

hervir = to boil
hielo, el = ice
hierba, la = grass
hierro, el = iron
hija, la = daughter
hijo único, el = only child (male)
hijo, el = son
hispano = Hispanic, Spanish
historia, la = history, story
Holanda (fem.) = Holland
holandés = Dutch
hombre, el = man
hombro, el = shoulder
Honduras (fem.) = Honduras
honesto = honest
hora, la = hour, time
horario, el = timetable
horno, el = oven
horóscopo, el = horoscope
hortalizas, las = vegetables
hortera = tacky
hoy en día = nowadays
hueco, el = blank, gap
huevo, el = egg
humor, el = humour, mood
idioma, el = language
iglesia, la = church
igual = the same, equal
igual que = same as
igualmente = likewise
ileso = uninjured
imagen, la = image, picture
imbécil = stupid
impenetrable = impenetrable
imprescindible = vital
incluso = even
inconveniente, el = disadvantage
increíble = incredible
independencia, la = independence
indio = indian
infarto, el = heart attack
inflarse de comer = to stuff oneself
información complementaria, la = additional information
informática, la = I.C.T.
informático, el = computer programmer
Inglaterra (fem.) = England
inglés = English
inglés, el = English (the language)
injusto = unjust
inmóvil = motionless
inofensivo = inoffensive
insecticida, el = insecticide
instantáneo = instantaneous
instituto, el = school (secondary)
inteligente = intelligent
intentar = to try (attempt)
intercambio, el = the exchange
interesado = interested
interesante = interesting
interesar = to interest
intérprete, el = actor
inundación, la = flood
inventor, el = inventor
investigar = to research, find out
invierno, el = winter
invitar = to pay for someone else
ir a (+ infin.) = to be going to do (simple future)
ir de tiendas, ir de compras = to go shopping
irse a toda velocidad = to speed off
Irlanda (fem.) = Ireland
irlandés = Irish
isla, la = isle, island
Italia (fem.) = Italy
italiano = Italian
izquierda = left
jabón, el = soap
jamón, el = ham
Japón (masc.) = Japan
japonés = Japanese
jardín, el = garden
joven = young
juego, el = game
jueves = Thursday
jugar = to play
juguete, el = toy
julio = July
junio = June
juntos = together
justo = just, right
kilómetro, el = kilometre
laboral = working (adj.)
laboratorio, el = laboratory
lado, el = side
ladrón, el = thief
lámpara, la = lamp
lápiz, el = pencil
largo = long
lástima, la = pity, shame
lavabo, el = basin

lavadora, la = washing-machine
lavaplatos, el = dishwasher
lavar = to wash
lavarse = to wash oneself, to get washed
le = him, to him, to her
leal = loyal
lealtad, la = loyalty
leche, la = milk
lechuga, la = lettuce
lectura, la = reading
leer = to read
lejísimos = very far away
lejos (de) = far (from)
lengua, la = language
lento = slow
Leo = Leo (star sign)
león, el = lion
les = to them
levantamiento, el = lifting
levantarse = to get up
libertad, la = freedom
Libra = Libra (star sign)
llbre = free
libro, el = book
lidiar = to bullfight
limitar con = to border with
limón, el = lemon
limpiarse los dientes = to brush one's teeth
liso = straight (hair)
literatura, la = literature
litoral, el = coastline
llamada, la = call
llamarse = to be called
llegada, la = arrival
llegar = to arrive
lleno = full
llevar = to carry, wear
llevar por el buen camino = to straighten someone out
llevarse = to take (buy)
llevarse = to get on with
llevarse a = to take away
llevarse bien/fatal con = to get on well/badly with
llover (ue) = to rain
llueve = it rains
lluvioso = rainy
lo = it (direct object pronoun)
lo bueno = the good thing
lo de = the business about
lo fundamental = the fundamental thing
lo importante = the important thing
lo malo = the bad thing
lo mismo = the same thing
lo nuestro = our relationship
lo pasé bomba = I had a fantastic time
lo peor = the worst thing
lo positivo = the positive thing
lo que quieras = whatever you want
lo siento = I'm sorry
lo sucedido = what had happened
localidad, la = location, town
loco = crazy
lograr = to manage to
Londres (masc.) = London
luego = then, later
lujuria, la = lust
lunes = Monday
luz, la (pl. luces) = light, electricity
madrastra, la = step-mother
madre, la = mother
madrileño = from Madrid
madrugada, la = dawn, early morning
magnífico = great, superb
majo = nice
malo (mal before masc. sing. noun) = bad
mañana = tomorrow
mañana, la = the morning
mandar = to order, send
manifestar = to show
mano, la = hand
mantenerse en forma = to keep fit
mantenimiento, el = maintenance, up keep
manzana, la = apple
mapa, el = map
mar, el = sea
marca, la = brand
marcar = to score
marchoso = extrovert
marido, el = husband
mariposa, la = butterfly
marisco, el = shellfish
marrón = brown
martes = Tuesday
marzo = March
mascota, la = pet
matador, el = the bullfighter who kills the bull
matar = to kill
matemáticas, las = maths
máximo = top, highest

mayas, los = the Mayans
mayo = May
mayonesa, la = mayonnaise
mayor = older, oldest, bigger, biggest
mayoría, la = the majority
me chifla = I love, I'm mad about
me da igual = it's all the same to me
me gustaría = I would like (conditional tense)
medias, las = tights, stockings
medicamento, el = medicine
médico, el = doctor
medio, el = medium
medio ambiente, el = environment
medio = half
medio hecho = medium (cooked)
medir (i) = to be of a certain height
mejicano = Mexican
Méjico (masc.): see México
mejillón, el = mussel
mejor = better, best
mejorar = to improve, get better
mencionar = to mention
menor = younger, smaller
menos = less, minus (-), except
menos cuarto = quarter to
¡menos mal! = thank goodness!
mentir (ie) = to tell a lie
mentira, la = lie
mercado, el = market
merecer = to deserve
merecer la pena = to be worthwhile
merendar (ie) = to have a snack, to have tea
meridional = southern
merienda, la = afternoon snack
merluza, la = hake (fish)
mes, el = month
mesa, la = table
mesita de noche, la = bedside table
meter = to put
metro, el = metre; the underground (train system)
México (masc.) = Mexico
mexicano, mejicano = Mexican
mezcla, la = mix, mixture
mezclar = to mix
mi(s) = my
miedo, el = fear
mientras que = while
miércoles = Wednesday
mil = thousand
millón, el = million
mimo, el = mime
minifalda, la = miniskirt
minuto, el = minute
mirar = to look at, watch
mismo = same
mixto = mixed (adj.)
mochila, la = rucksack, school-bag
moderno = modern
momento, el = moment
moneda, la = currency
monedero, el = wallet, purse
mono = pretty
montaña, la = mountain
montar a caballo = to go riding
montar en bici(cleta) = to ride a bike
monte, el = hill
montón de, un = loads of, piles of
morado = purple
moreno = dark (colour)
motociclismo, el = motorcycling
móvil, el = mobile telephone
muebles, los = furniture
mujer, la = woman, wife
mundial = of the world (adj)
mundo, el = world
municipal = municipal
músculo, el = muscle
música, la = music
muy buenas = hi there
nacer = to be born
nacimiento, el = birth
nacionalidad, la = nationality
nada = nothing
nadar = to swim
naranja = orange (the colour)
naranja, la = orange (the fruit)
nariz, la = nose
natación, la = swimming
navegar = to sail; to surf (e.g. the internet)
Navidad, la = christmas
necesario = necessary
negro = black
nervioso = nervous, anxious
nevar (ie) = to snow
nevera, la = fridge
ni…ni = neither…nor
¡ni hablar! = no way!
Nicaragua (fem.) = Nicaragua
niebla, la = fog
nieta, la = grand-daughter

nieto, el = grandson
nieva: see nevar (ie)
nieve, la = snow
niña, la = girl, child (female)
ninguna parte = nowhere
ninguno (ningún before masc. sing. noun) = no, not any
niño, el = boy, child (male)
no cabe duda de que = there's no doubt that
¡no fastidies! = you must be joking!
no importa = it doesn't matter
noche, la = night
Nochebuena, la = Christmas Eve
Nochevieja, la = New Year's Eve
nombre, el = the name
normalmente = normally
norte, el = north
Noruega (fem.) = Norway
noruego = Norwegian
nos = us, to us, ourselves
nota, la = mark, grade
notable = a very good grade, mark
noticias, las = news
noveno = ninth
novia, la = girlfriend
noviembre = November
novio, el = boyfriend
nublado = cloudy
nuestro = our
nuevo = new
número, el = the number
numeroso = numerous
nunca = never
o sea = i.e./ that's to say
obedecer = to obey
obligatorio = compulsory
obra, la = work (theatre, building work)
océano, el = ocean
ocio, el = leisure, free time
octavo = eighth
octubre = October
oeste, el = west
oferta de empleo, la = job offer
oficina de turismo, la = tourist information office
oficina, la = office
¡oiga! = excuse me
oír = to hear
ojo, el = eye
oler = to smell
olvidar/olvidarse de = to forget
opinar que = to think that
orden, el = order
ordenador, el = computer
oreja, la = ear
oriental = eastern
origen, el = origin
oro, el = gold (the metal)
os = you, to you, yourselves
otoño, el = autumn
otra vez = again, another time
otro = other
padrastro, el = step-father
padre, el = father; parent
página, la = page
país, el = country
paisaje, el = countryside, landscape
pájaro, el = bird
palabra, la = word
pan, el = bread
panadería, la = bakery
panadero, el = the baker
Panamá (masc.) = Panama
panda, una = group
pantalón, el = pair of trousers
papel, el = paper; piece of paper, role
paquete, el = packet
para = for
para (+ infin.) = in order to
para chuparse los dedos = delicious (lit. to suck one's fingers)
paraguas, el = umbrella
Paraguay (masc.) = Paraguay
parar = to stop
parecer = to appear, seem; me parece que = I think that
parecido = similar
pared, la = wall (of a building)
pareja, la = pair, partner
parque, el = park
párrafo, el = paragraph
parrilla, la = grill
partido, el = match, game, team
pasado mañana = the day after tomorrow
pasar lista = to take the register
pasarlo bien = to have a good time
pasarlo bomba = to have a great time
pasatiempos, los = hobbies
paso, el = step
pasta, la = pasta; cash (slang)
pastilla, la = pill

pastor alemán, el = German shepherd
patata, la = potato
patatas fritas, las = chips
patinaje, el = skating
patinar = to skate
patio, el = the courtyard, playground
pavo, el = turkey
peatón, el = pedestrian
pechuga, la = breast (of chicken)
pedir (i) = to ask for
pegar con = to suit, go with
pegar un tiro = to shoot
peinarse = to comb one's hair
pelar = to peel
película, la = film
peligroso = dangerous
pelirrojo = redhead, ginger
pelo, el = hair
pena, la = sorrow, trouble, pain
pendiente, el = earring
península, la = the peninsula (e.g. Spain & Portugal)
pensar (ie) = to think
pequeño = small
perder (ie) = to lose
perdone = excuse me
perezoso = lazy
perfecto = perfect
periódico, el = newspaper
perjudicar = to harm, damage
perla, la = pearl
permitir = to allow
pero = but
perro, el = dog
persona, la = person
personaje, el = celebrity, important person, character
pertenecer = to belong to
Perú (masc.) = Peru
pesado = annoying
pesar = to weigh
pescado, el = fish
pesimista = pessimistic
peso, el = weight; peso (unit of currency in some S. American countries)
pez, el (plural peces) = fish
picar = to sting
pico, y = and a bit
pie, el = foot
piedra, la = stone
piel, la = skin
pierna, la = leg
pimiento, el = pepper
piña, la = pineapple
pintado = painted
pintor, el = painter
piscina, la = swimming pool
Piscis = Pisces (star sign)
piso, el = floor, flat
pizarra, la = blackboard, whiteboard
pizca, una = a pinch (e.g. of salt)
planchado = ironed
planeta, el = planet
plano, el = plan
planta, la = floor (of apartment building)
plata, la = silver (the metal)
plátano, el = banana
plateado = silver (the colour)
plato, el = dish, course
playa, la = beach
plaza de toros, la = bullring
plaza, la = square (of a town)
pobre = poor
pobreza, la = poverty
pocilga, la = pigsty
poco = a little (amount)
poco hecho = rare (cooked)
poder (ue) = to be able
poder soportar = to be able to stand
policía, el = policeman
polideportivo, el = sports centre, sports hall
pollo, el = chicken
poner = to put/show a film
poner el disco = to play a record
ponerse = to put on, wear, become
ponerse a régimen = to go on a diet
ponerse en forma = to get fit
por = by, for, along, through; (+ infin.) in order to
por ciento = per cent
por desgracia = unfortunately
¿por dónde se va a? = how do I get to?
por ejemplo = for example
por eso = that's why
por este motivo = for this reason
por favor = please
por lo tanto = therefore, consequently
por primera vez = for the first time
¿por qué? = why?
por supuesto = of course, naturally
por un lado = on the one hand

por otro lado = on the other hand
porque = because
portero, el = goalkeeper
Portugal (masc.) = Portugal
portugués = Portugese
póster, el = poster
postre, el = dessert, pudding
practicar = to practise, do, play (e.g. a sport)
precipitaciones, las = rain
preferible = preferable
preferido = favourite
preferir (ie) = to prefer
pregunta, la = question
preguntar = to ask (a question)
prensa, la = the press
preocuparse (por) = to worry (about)
preparar = to prepare
prepararse = to prepare oneself, get ready
preso, el = prisoner
prestar = to lend
presupuesto, el = budget
prima, la = cousin (female)
primavera, la = spring (the season)
primer plato, el = first course (of meal)
primero (primer before masc. sing. noun) = first
primo, el = cousin (male)
principal = main
privacidad, la = privacy
privado = private
probar (ue) = to try, sample
probarse (ue) = to try on
problema, el = problem
procesiones, las = Easter Week holy processions
procurar = to try
producir = to produce
productor, el = producer
profesor, el = teacher (male)
profesora, la = teacher (female)
profundo = deep, profound
programa, el = programme
pronombre, el = pronoun
pronóstico del tiempo, el = weather forecast
pronto = quickly, promptly
propio = own
proponer = to propose
proteger = to protect
próximo = next
prueba de fuerza, la = show/trial of strength
publicidad, la = advertising
pueblecito, el = small town
pueblo, el = town, village, people, race
puesto, el = job
puesto que = since, because
punto débil, el = the weak spot
pupitre, el = desk
¡que aproveche! = bon apetit, enjoy your meal!
¡qué asco! = how disgusting!
¡qué barbaridad! = how extraordinary!
¡qué coraje! = how annoying!
¡qué envidia me da! = I'm so envious
¡qué gusto! = how nice!
¿qué hay? = how's it going?
¡qué ilusión! = how exciting!
¡qué lástima! = what a shame, pity
¡qué miedo! = how scary
¡qué pena! = what a shame, pity
¡qué pesadilla! = what a nightmare!
¡qué pesado! = what a pain
¡qué raro! = how strange!
¡qué rico! = how delicious!
¡qué rollo! = what a pain/bore!
¡qué suerte! = how lucky
¿qué tal? = how are you?
que te mejores = I hope you get better
¿qué te parece? = what do you think about it?
¡qué va! = no way!
que viene = that is coming, next
quedar = to arrange to meet
quedar = to be left, remain
quedar a disposición de.. = to be at someone's service
quedarse = to take, keep (clothes)
quedarse en casa = to stay at home
querer (ie) = to want
querido = dear
queso, el = cheese
quien = who (relative pronoun)
¿quién? = who?
química, la = chemistry
quinto = fifth
quisiera = I would like
quitar = to take off, remove, switch off
quitarse la ropa = to get undressed
quizá(s) = perhaps, maybe
radio, la = radio
rápido = quick, quickly
raro = strange, odd
rato, el = (short) time
ratón, el = mouse
rayo, el = lightning

razón, la = reason
real = real, royal
realizar = to carry out
rebaja, la = sale, reduction
receta, la = recipe
reciclar = to recycle
recoger = to pick up
reconocer = to admit, recognise
recreo, el = break
recto = straight
redacción, la = essay, composition
redondo = round
refrán, el = saying
refresco, el = soft drink
regalar = to give (as a present)
regalo, el = present
regañar = to tell off
régimen, el = diet, regime (political)
región, la = region
regla, la = ruler, rule
regresar = to return
regular = so, so; not bad
reina, la = queen
reírse = to laugh
relación, la = relation, contact
relajado = relaxed
relajarse = to 'chill out', relax
religión, la = religious studies, R.E.
rellenar = to fill in
reloj, el = watch, clock
rendimiento, el = performance
RENFE = Spain's national railway network
repetir = to repeat/re-do/re-sit
respuesta, la = the answer
restaurante, el = restaurant
resulta = the fact is/it transpires
retratar = to portray, depict
revista, la = magazine
rey, el = king
'Reyes' = the Epiphany (January 5th/6th)
rico = tasty, rich
riquísimo = delicious
risa, la = laughter
rizado = curly
robo, el = robbery
roca, la = rock
rodaja, la = slice
rodar = to shoot (film, commercial etc)
rodilla, la = knee
rojo = red
rollo, el = bore, pain
ropa, la = clothes
rosa = pink
rosado = rosé (wine)
rotulador, el = marker pen
rubio = blonde, fair-skinned
ruidoso = noisy
ruina, la = ruin
Rusia (fem.) = Russia
ruso = Russian
rutina, la = routine
sábado, el = Saturday
saber = to know
sabor, el = taste
sabroso = tasty
sacar = to take out, take (photos)
sacar buenas notas = to get good marks, grades
sacarse el carné = to get one's driving licence
Sagitario = Sagittarius (star sign)
sal, la = salt
sala de estar, la = living room
sala de profesores, la = staff room
sala, la = room; screen number (cinema)
salchichón, el = spicy salami sausage
salir con = to go out with
salir corriendo = to rush out
salir de tapas = to go out for tapas
salón, el = living room
salud, la = health
saludos = best wishes, greetings
salvaje = wild
sangre, la = blood
sano = healthy
santo, el = saint
se = one, himself/herself/themselves
se me da(n) bien = I'm good at
se me da(n) fatal = I'm bad at
se(p)tiembre = September
seco = dry
secretaria, la = secretary
secreto, el = secret
seguida, en = in a moment, right away
seguidas = consecutive, on the trot
seguir (i)(1st person sing. = sigo) = to follow, continue
según = according to
Segunda Guerra Mundial, La = the Second World War
segundo = second
segundo plato, el = main course (of meal)

seguridad, la = safety, security
seguro = sure, certain
seguro, el = insurance
selva, la = jungle
semáforo, el = traffic-light
Semana Santa, la = Holy Week (Easter)
semana, la = week
sencillo = simple
señor = Mr, sir
señora = Mrs, madam
señores x, los = Mr and Mrs x
señorita = miss
sentar = to suit
sentar bien = to fit, suit
sentarse (ie) = to sit down
sentido, el = sense
sentido, tener = to make sense
sentir = to be sorry about, to feel
sentirse = to feel
séptimo = seventh
sequía, la = drought
ser = to be
ser aficionado a = to be fond of, keen
ser fuerte en = to be good at
ser un éxito = to be a success
ser un punto = to be fantastic (slang)
sería = it would be
sesión, la = showing/screening
sexto = sixth
si = if
sí = yes
siempre = always
sierra, la = mountain range
sigo: see seguir (i)
siguiente = following
silla, la = chair
sillón,el = armchair
simpático = kind, nice
sin embargo = however
sin gas = without gas, still (non-fizzy)
sincero = sincere
sino = but also
sitio, el = place
situado = situated
sobre = above, on top of, on, about (of time)
sobresaliente = outstanding/an A* grade
sobre todo = especially
sobrevivir = survive
sociable = sociable
sofá, el = sofa

sol, el = sun
soleado = sunny
soler + infinitive = to be accustomed to do something - to 'normally' do
solicitar = to apply for
sólo = only
solomillo, el = sirloin
soltero = single/batchelor
solucionar = to solve
sombrero, el = hat
sonar = to ring (telephone)
sondeo, el = survey
sonido, el = sound
sopa, la = soup
soportar = to tolerate
sordo = deaf
sospechoso = suspicious
su(s) = his/her/its/their (+ your, in polite form)
suave = mild
subir = to go up
subrayar = to underline
subtitulado = subtitled
suceso, el = the event
sucio = dirty
Sudamérica (fem.) = South America
Suecia (fem.) = Sweden
sueco = Swedish
suegra, la = mother-in-law
suegros, los = parents-in-law
sueldo, el = wage, salary
suelo, el = floor
suelo: see soler (ue)
sueño, tener = to be sleepy
superimportante = vital
supermercado, el = supermarket
sur, el = south
surrealista = surreal
suspender = to fail (an examination)
suspenso = fail (mark)
tabla, la = plank, board, chart
tablón, el = notice-board
tacaño = stingy
talla, la = size
taller, el = garage (mechanics)
tamaño, el = size
también = also, too
tampoco = neither
tan = so
tanto = so much
tapar = to cover

tapear = to have tapas
taquilla, la = box-office
tardar = to take one's time (to do something)
tarde = late
tarde, la = afternoon, early evening
tarjeta de crédito, la = credit card
tatuaje, el = tattoo
Tauro = Taurus (star sign)
te = you, to you/ yourself
teatro, el = theatre
techo, el = ceiling
tecnología, la = technology
tejado, el = roof
tele, la = tv
telefonear = to telephone
teléfono, el = telephone
telenovela, la = tv soap-opera
televisión, la = television
tema, el = topic, theme
temer = to fear
temperatura, la = temperature
temprano = early
tender la ropa = to hang out the laundry
tendido = lying down
tener buen tipo = to have a good figure
tener cara para (+ infin.) = to have the nerve to
tener coraje = to be courageous, brave
tener cuidado = to take care
tener derecho a = to have the right to
tener enchufe = to have contacts
tener estilo = to have style, be fashionable
tener éxito = to be successful
tener fama de = to have a reputation (of)
tener fiebre = to have a temperature
tener ganas de = to want to
tener prisa = to be in a hurry
tener que = to have to
tener que (+ infin.) = to have to, be obliged to
tener que ver con = to have to do with
tener razón = to be right
tener sentido del humor = to have a sense of humour
tener sueño = to be tired/sleepy
tenis, el = tennis
tercero = third
terminar = to finish
termómetro, el = thermometer
ternera, la = beef, veal
testigo, el = witness
ti (used after prepositions) = you, yourself
tía, la = aunt
tiempo lluvioso = rainy weather
tiempo soleado = sunny weather
tiempo, el = time, weather
tienda, la = shop
tierra, la = ground, earth
tijeras, las = scissors
tímido = timid
tinto = red (wine)
tío, el = uncle
típico = typical
tipo, el = person, type
tirar = to throw
tirando = so-so, not bad
título, el = title
tocar = to play (a musical instrument)
todavía = still, yet
todo = every, all
todo el mundo = everybody
todo recto = straight ahead
tomar = to take (to have of meals)
tomar algo = to have a drink
tomar nota = to take an order
tomate, el = tomato
tónica, la = tonic
torcer = to twist, turn
torear = to bullfight
tormenta, la = storm
torero, el = bullfighter
toro, el = bull
toros, los = bullfight
tortilla, la = omelette
tostada, la = toast
trabajador = hardworking
trabajar = to work
trabajo, el = work
tradición, la = tradition
traducir = to translate
traer = to bring
traje, el = suit
tranquilo = calm
transición, la = transition
tras = after
traslado, el = move
tratamiento, el = treatment
tratar de = to try to
trato, el = contact/dealings with
tremendo = awful, frightful
triste = sad
tristeza, la = sadness

tú = you (sing.)
tu(s) = your
tumbona, la = sunbed
turismo, el = tourism
turista, el/la = tourist
tuyo(s) = your(s)
últimamente = recently
un abrazo = with best wishes
único = only
universidad, la = university
unos = some, a few; about
'Urgencias' = 'E.R.' (TV programme)
Uruguay, el = Uruguay
usted (vd.), ustedes (vds.) = you (polite form)
útil = useful
utilizar = to use
vaca, la = cow
vacaciones, las = holidays
vago = lazy
¿vale? = ok?
valer = to be worth, to cost
valiente = brave, strong
vapor, el = steam
vaqueros, los = jeans
variado = varied
vario = assorted, various
vaso, el = glass
¡vaya! = what a shame!
vaya/vayan (from ir) = go!
vd., ud., usted = you (polite singular)
vds., uds., ustedes = you (polite plural)
ve (from ir) = go!
veces: (pl. of vez) = times
vecino/a, el/a = neighbour
vegetariano = vegetarian
vela, la = sailing
vender = to sell
Venezuela (fem.) = Venezuela
venga ¡venga! = come on!
ventaja, la = advantage
ventana, la = window
ventilador, el = fan (electric)
ver = to see
veranear = to spend summer holidays
verano, el = summer
verdad, la = truth
verdaderamente = really
verdadero = true
verde = green
verduras, las = vegetables, greens
vestíbulo, el = hall
vestido, el = dress
vestirse (i) = to get dressed
vez, la (pl.: veces) = time (occasion)
vía, la = way
viajar = to travel
viaje, el = journey
viaje de estudios, el = study trip
vida, la = life
videojuegos, los = videogames
viejo = old
viento, el = wind
viernes = Friday
vigilar = to watch
vinagre, el = vinegar
vino, el = wine
Virgo = Virgo (star sign)
visitar = to visit
vista, la = sight, glance
visto: see vestirse (i)
vivir = to live
voleibol, el = volley-ball
volver (ue) = to return
volver a (+ infin.) = to do something again
volverse loco = to go mad
vosotros/as = you (pl.)
vuestro = your
wáter, el = lavatory
windsurfing, el = windsurfing
y cuarto = quarter past
y media = half past
y pico = about (with time)
ya = already, now
ya veremos = we will see
yogur, el = yoghurt
zanahoria, la = carrot
zapatillas (de deporte), las = trainers
zapato, el = shoe
zona, la = zone, area
zumo, el = juice

Vocabulario: inglés - español

a = un, una
able, to be = poder (ue)
about (approximately) = unos; sobre
about (with time) = y pico
above = arriba; sobre
abroad = al extranjero; extranjero
academy = academia, la
accent = acento, el
accompany, to = acompañar
according to = según
ache = dolor, el
active = activo
activity = actividad, la
actor = actor, el
add, to = añadir; echar; incorporar; agregar
address = dirección, la
address book = agenda, la
adequate = adecuado
adjective = adjetivo, el
admit, to = reconocer
advice = consejo, el
affectionate = cariñoso
after = después de
afternoon = tarde, la
afternoon snack = merienda, la
afterwards = después
again = otra vez
age = edad, la
agreed! = ¡de acuerdo!
agreement = acuerdo, el
agricultural = agrario
agriculture = agricultura, la
air-conditioning = aire acondicionado, el
all = todo
allow, to = dejar; permitir
almost = casi
along = por
alphabet = alfabeto, el
already = ya
also = también
always = siempre
America = América (fem.)
American = americano
amusing = divertido
anchovy = boquerón, el
and = y; e (before i and hi)
angry = enfadado; furioso
animal = animal, el
annoying = pesado
answer = respuesta, la
answer, to = contestar
anthropology = antropología, la
antibiotics = antibióticos, los
anxious = nervioso
anyhow = de todas formas
anything = cualquier cosa
anyway = de todas formas
apart = aparte (adverb)
appear, to = parecer
appearance = físico, el
apple = manzana, la
appropriate = adecuado
April = abril (masc.)
Aquarius (star sign) = Acuario
aquatic = acuático
area, zone = zona, la
Argentina = Argentina (fem.)
Argentinian = argentino
Aries (star sign) = Aries
arm = brazo, el
armchair = butaca, la; sillón, el
army = ejército, el
around (time) = a eso de
arrange to meet, to = quedar
arrival = llegada, la
arrive, to = llegar
art = arte, el; dibujo, el
article = artículo, el
as = como
as a general rule = por regla general
as a result = como consecuencia
as regards = en cuanto a
as soon as = en cuanto
ask (a question), to = preguntar
ask for, to = pedir (i)
aspirin = aspirina, la
assorted = vario
at = a
at any rate = de todas formas
at once = en seguida
athletics = atletismo, el
atmosphere = ambiente, el

August = agosto
aunt = tía, la
Australia = Australia (fem.)
Australian = australiano
autumn = otoño, el
avoid, to = evitar
awful = fatal
back = espalda, la
bad = malo (mal before masc. sing. noun)
bad thing, the = lo malo
bad weather, it's = hace mal tiempo, hace malo
bag, purse = bolso, el
baker = panadero, el
bakery = panadería, la
balanced = equilibrado
banana = plátano, el
band, group = grupo, el; banda, la
bank = banco, el
bar = bar, el
barbarism = barbaridad, la
bargain = ganga, la
basin = lavabo, el
basketball = baloncesto, el
bath = bañera, la
bath, to have a = bañarse
bathroom = (cuarto de) baño, el
be called, to = llamarse
be, to = estar; ser. Ser is used for who or what something is (permanently); estar is used for where something is, or what something is (temporarily).
beach = playa, la
beat (mix), to = batir
beautiful = guapo
because = porque
because of = a causa de
become, to = hacerse (irreg.)
bed = cama, la
bedroom = dormitorio, el
bedside table = mesita de noche, la
beef = ternera, la
beer = cerveza, la
before (with verb) = antes de (+ infin.)
begin, to = comenzar (ie); empezar (ie)
behind = detrás de
Belgian = belga
Belgium = Bélgica (fem.)
believe, to = creer
belt = cinturón, el
bench = banco, el
beret = gorro, el
besides = además
best wishes = saludos
best wishes, with = un abrazo
better, best = mejor
between = entre
bicycle = bicicleta, la
big = grande
bigger, biggest = mayor
bike = bici, la (abbreviation)
biology = biología, la
bird = pájaro, el
biro = bolígrafo, el
birth = nacimiento, el
birthday = cumpleaños, el
biscuit = galleta, la
bit, and a = pico, y
black = negro
blackboard = pizarra, la
blank = hueco, el
blonde = rubio
blouse = blusa, la
blue = azul
board = tabla, la
boat (small) = barca, la
body = cuerpo, el
boil, to = hervir; (an egg) escalfar
bon apetit! = ¡que aproveche!
book = libro, el
bookcase = estantería, la
boot = bota, la
border with, to = limitar con
bore = rollo, el
boring = aburrido
born, to be = nacer
bottle (little) = botellín, el
box-office = taquilla, la
boy = chico, el; child (male) niño, el
boyfriend = novio, el
brand = marca, la
brave = valiente
bread = pan, el
break = recreo, el
breakfast, to have = desayunar
breast (of chicken) = pechuga, la
bright = claro
brilliant = fenomenal
bring, to = traer
brochure = folleto, el
broken (down) = estropeado

brother = hermano, el
brown = marrón
brown sugar = azúcar moreno, el
brush one's teeth, to = limpiarse los dientes
build, to = construir
building = edificio, el
bull = toro, el
bullfight = corrida de toros, la; corrida, la; toros, los
bullfight, to = lidiar; torear
bullfighter (who kills the bull) = matador, el
bullfighter's costume = traje de luces, el
bullfighter's display/performance = faena, la
bullring = plaza de toros, la
bun = bollo, el
bus = autobús, el
bushy = poblado
but = pero
buy, to = comprar
by = por
café = cafetería, la
calculator = calculadora, la
calibre = calibre, el
call = llamada, la
called (surname), to be = apellidarse
calm = tranquilo
Canada = Canadá (masc.)
Canaries = Canarias, las
Cancer (star sign) = Cáncer
canteen = cantina, la
cap, beret = gorro, el
cape = muleta, la
capital (city) = capital, la
Capricorn (star sign) = Capricornio
car = coche, el; (travelling by) en coche
care = cuidado, el
caretaker = conserje, el
Caribbean = Caribe, el (masc.)
carpet = alfombra, la
carrot = zanahoria, la
carry, to = llevar
cash (slang) = pasta, la
Castilian = castellano
castle = castillo, el
cat = gato, el
Catalan = catalán
cathedral = catedral, la
cauliflower = coliflor, la
cd, cd player = compact disc, el
ceiling = techo, el
celebrate, to = celebrar
celebrity, important person = personaje, el
Central America = Centroamérica (fem.)
centre = centro, el
centre, in the = céntrico
cereals = cereales, los
certain = seguro
chair = silla, la
champagne = cava, el
champion = campeón, el
championship = campeonato, el
change roles = cambia de papel
change, to = cambiar
chapel = capilla, la
character = personaje, el
chart = tabla, la
chat, to = charlar
cheap = barato
cheese = queso, el
cheesecake = tarta de queso, la
chemist = farmacéutico, el
chemistry = química, la
chemists (shop) = farmacia, la
chess = ajedrez, el
chestnut-coloured = castaño
chicken = pollo, el
chickpea = garbanzo, el
child (male) = niño, el
Chile = Chile (masc.)
Chilean = chileno
chilly, it's = hace fresco
China = China (fem.)
Chinese = chino
chips = patatas fritas, las
chocolate = chocolate, el
choose, to = elegir
chop = chuleta, la
Christmas = Navidad, la
Christmas Eve = Nochebuena, la
church = iglesia, la
cider = sidra, la
cigarette = cigarillo, el
cinema = cine, el
city = ciudad, la
clam = almeja, la
class, classroom = clase, la
classical = clásico
classroom = aula (fem.), el
clear = despejado
clear, bright = claro

clear, to be = estar despejado
climate = clima, el
clock = reloj, el
close, near (to) = cerca (de)
clothes = ropa, la
cloudy = nublado
cloudy, to be = estar nublado
club = club, el
coach = autocar, el
coast = costa, la
coat = abrigo, el
cocoa = cacao, el
coconut = coco, el
coffee (white) = café (con leche), el
coke = coca cola, la
cold, it's (very) = hace (mucho) frío
cold, to be = hacer frío
colour = color, el
Columbia = Colombia (fem.)
Columbian = colombiano
column = columna, la
comb one's hair, to = peinarse
come on! = venga ¡venga!
come on, come off it! = ¡anda!
comfortable = cómodo
commentary = comentario, el
companion = compañero/a, el/la
compare, to = comparar
compass = brújula, la
complete = completo
complete, to = completar
compulsory = obligatorio
computer = ordenador, el
concert = concierto, el
consider, to = tener (ie) (1st person sing. = tengo)
consist of, to = consistir en
contacts, to have = tener enchufe
container = recipiente, el
content, happy = contento
continue, to = seguir (i)(1st person sing. = sigo)
continuous = continuo
conversation = conversación, la
convince, to = convencer
cook = cocinero, el
cook, to = cocer (ue)
cook, to = cocinar
cooked in garlic = al ajillo
cool (colloquial) = chulo
cool (informal) = guay
cool down, to = refrescarse
cool, fresh = fresco
corner (of street/road) = esquina, la
correct = correcto
correct, to = corregir (i)
correspondent = corresponsal, el
corresponding = correspondiente
cost, to = valer
Costa Rica = Costa Rica (fem.)
cotton = algodón, el
count, to = contar
country = país, el
countryside = campo, el
countryside = paisaje, el
course (of meal) = plato, el
courtyard = patio, el
cousin (female) = prima, la
cousin (male) = primo, el
cover, to = tapar
cow = vaca, la
cravat = corbata, la
crazy = loco
crazy about, to be = estar loco por
crazy about, to be = chiflar (works like gustar)
cream = nata, la
credit card = tarjeta de crédito, la
crème caramel = flan, el
crop = cultivo, el
cross, to = cruzar
crown = corona, la
Cuban = cubano
cucumber = pepino, el
curiosity = curiosidad, la
curly = rizado
currency = moneda, la
cut, to = cortar
cycling = ciclismo, el
dad, daddy = papá
daily = (a) diario
dance, to = bailar
Danish = danés
dark (colour) = moreno
darling = cariño
date = fecha, la
daughter = hija, la
dawn = madrugada, la
day = día, el
day after tomorrow = pasado mañana
dear = querido
December = diciembre
decide, to = decidir

degree = grado, el
degrees, it's x = hace x grados
delicious = riquísimo; para chuparse los dedos
Denmark = Dinamarca (fem.)
dental floss = hilo dental, el
department store = grandes almacenes, los
describe, to = describir
description = descripción, la
desk = pupitre, el
dessert, pudding = postre, el
detail = detalle, el
develop, to = desarrollar
diagnosis = diagnóstico, el
dialogue = diálogo, el
diary = agenda, la
dictionary = diccionario, el
diet = dieta, la
diet, to go on a = ponerse a régimen
different = diferente
dine, to = cenar
dining room = comedor, el; (canteen) cantina, la
dinner = cena, la
dirty = sucio
disciplined = disciplinado
disco = discoteca, la
discount = descuento, el
discover, to = descubrir
disgusting = asqueroso
dish, course = plato, el
dishwasher = lavaplatos, el
distraught, to be = estar hecho polvo
divide, to = dividir
divided = dividido
do, to = hacer (irreg.)
doctor = médico, el
dog = perro, el
dominoes = dominó, el
donkey = burro, el
donut = donut, el
door = puerta, la
drain, to = escurrir
draw, to = dibujar
dress = vestido, el
dress (salads), to = aliñar
dressed, to get = vestirse (i)
dressing = aliño, el
drink = bebida, la
drink, to = beber; (to have a) tomar algo
drop off, to = dejar
drops of, a few = chorrito de, un
drugs = drogas, las
dry = seco
dual-carriageway = autovía, la
during = durante
Dutch = holandés
each = cada
ear = oreja, la
early = temprano
early morning = madrugada, la
earring = pendiente, el
easily = fácilmente
east = este, el
easy = fácil
eat, to = comer
economy = economía, la
Ecuador = Ecuador (masc.)
Edinburgh = Edimburgo (masc.)
effort = esfuerzo, el
egg = huevo, el; (with stuffing) huevo relleno, el
eight = ocho
eight hundred = ochocientos
eighteen = dieciocho
eighth = octavo
eighty = ochenta
El Salvador = El Salvador (masc.)
elbow = codo, el
eleven = once
e-mail = correo electrónico, el; emilio, el (slang)
end = fin, el; final, el
end of, at the = al fin de
England = Inglaterra (fem.)
English (the nationality) = inglés
English (the language) = inglés, el
enjoy your meal! = ¡que aproveche!
enjoy, to = disfrutar
enough = bastante; suficiente
enough (sufficient), to be = bastar
enter, to = entrar
entertaining = entretenido
equal = igual
equals (=) = son (from ser)
escape, to = escaparse
especially = especialmente; sobre todo
ethics = ética, la
euro = euro, el
even = incluso
evening = tarde, la
every = cada; todo
everybody = todo el mundo
exactly = exactamente

exam = examen, el
example = ejemplo, el
except = menos
except (for) = excepto
exchange = intercambio, el
exciting = emocionante
excuse me = oiga; perdone
exercise = ejercicio, el
exercise book = cuaderno, el
exercise, to do = hacer ejercicio
exotic = exótico
explain, to = explicar
explosive = explosivo, el
extrovert = extrovertido; marchoso
eye = ojo, el
eye-brow = ceja, la
face = cara, la
fail (an examination), to = suspender
fair, market = feria, la
fair-skinned = rubio
fall, to = caer
false = falso
family = familia, la
famous = famoso
fan, supporter = aficionado, el
fantastic = fantástico
far (from) = lejos (de)
farm = granja, la
fashionable = de moda
fashionable, to be = tener estilo
fat = gordo
father = padre, el
fatty foods = comida grasa, la
favourite = favorito; preferido
fear = miedo, el
February = febrero
fed up, to be = estar harto
feel good/bad, to = encontrarse bien/mal
feel like, to = apetecer
feel, to = sentirse
festival = fiesta, la
few, a = unos
field = campo, el
fifteen = quince
fifth = quinto
fifty = cincuenta
file, folder = carpeta, la
fill in, to = rellenar
fill, to = empastar
fillet = filete, el
film = película, la
find out, to = investigar
find, to = encontrar (ue)
fine weather, it's = hace buen tiempo, hace bueno
finger = dedo, el
finish, to = terminar
Finland = Finlandia (fem.)
Finnish = finlandés
first = primero (primer before masc. sing. noun)
first course (of meal) = primer plato, el
fish = pescado, el; pez, el (plural peces)
fit, to get = ponerse en forma
five = cinco
five hundred = quinientos
fix, to = arreglar
fizzy = con gas
flat (appartment) = piso, el
flip-flops = chanclas, las
floor = piso, el; suelo, el; (of apartment building) planta, la
flower = flor, la
flowery = florido
fog = niebla, la
foggy, it's = hay niebla
folder = carpeta, la
follow, continue, to = seguir (i)(1st person sing. = sigo)
following = siguiente
food = comida, la
foot = pie, el
football = fútbol, el; indoor (5-a-side) fútbol sala, el
for = para; por
for example = por ejemplo
for the first time = por primera vez
for the time being = de momento
foreign = extranjero
foreigner = extranjero, el
forget, to = olvidar
form = ficha, la
forty = cuarenta
four = cuatro
four hundred = cuatrocientos
fourteen = catorce
fourth = cuarto
France = Francia (fem.)
free = libre
freezer = congelador, el
French (nationality) = francés
French (language) = francés, el

frequency = frecuencia, la
fresh = fresquito
Friday = viernes
fridge = nevera, la
friend = amigo, el; amiga, la
from = de; desde
from time to time = de vez en cuando
frost = escarcha, la
frosty, it's = hay escarcha
frozen = helado
fruit = fruta, la
full = lleno
fun, funny = divertido; gracioso
furniture = muebles, los
fussy = especial
galaxy = galaxia, la
game = juego, el; (match) partido, el
games, sports = deportes, los
gap = hueco, el
garage (mechanics) = taller, el
garden = jardín, el
garlic = ajo, el
garnish = guarnición, la
gas = gas, el
gate (iron) = cancela, la
gemini = Géminis
general = general
generally = en general
generous = generoso
geography = geografía, la
German = alemán
Germany = Alemania (fem.)
get on well/badly with, to = llevarse bien/fatal con
get on with, to = entenderse; llevarse
get ready, to = arreglarse
get undressed, to = quitarse la ropa
get up, to = levantarse
get, to = conseguir
girl = chica, la; child (female) niña, la
girlfriend = novia, la
give (as a present), to = regalar
give, to = dar
glass = copa, la; vaso, el
glasses (spectacles) = gafas, las
glove = guante, el
go, to = ir (irreg)
go down, to = bajar
go in, to = entrar
go out with, to = salir con
go out, to = salir
go to bed, to = acostarse (ue)
go up, to = subir
gold (the metal) = oro, el
golden, gold-coloured = dorado
golf = golf, el
good = bueno (buen before masc. sing. noun)
good afternoon = buenas tardes
good at, to be = ser fuerte en
good morning = buenos días
good night = buenas noches
good thing, the = lo bueno
good time, to have a = pasarlo bien
goodbye = adiós
good-natured = feliz
gram = gramo, un
grand-daughter = nieta, la
grandfather = abuelo, el
grandmother = abuela, la
grandson = nieto, el
grass = hierba, la
great (superb) = estupendo; genial; magnífico
great time, to have a = pasarlo bomba
Greece = Grecia (fem.)
Greek = griego
green = verde
green bean = judía verde, la
greetings = saludos
grey = gris
grill = parrilla, la
ground, earth = tierra, la
group (band) = banda, la; grupo, el
Guatemala = Guatemala (fem.)
guess, to = adivinar
guitar = guitarra, la
gulf = golfo, el
gymnastics = gimnasia, la
habit = costumbre, la
hair = pelo, el
hake (fish) = merluza, la
half = medio
half past = y media
hall = vestíbulo, el
ham = jamón, el
hamburger = hamburguesa, la
hammock = hamaca, la
hamster = hámster, el
hand = mano, la
handball = balonmano, el
handsome = guapo
happy = alegre; contento; (good-natured) feliz

hardworking = trabajador
harm, to = perjudicar
hat = sombrero, el
have, to = tener (ie) (1st person sing. = tengo); (possess) poseer
have a good figure, to = tener buen tipo
have a good trip! = ¡buen viaje!
have lunch, to = almorzar (ue)
have to, to = tener que (+ infin.)
he = él
head = cabeza, la
headteacher = director, el; directora, la
health = salud, la
healthy = sano
heat = calor, el
height, to be of a certain = medir (i)
helicopter = helicóptero, el
hello = buenos días; hola; dígame
help, to = ayudar
her = su(s)
here = aquí
hi there = muy buenas
highest = máximo
hiking = footing, el
him, to him = le
himself/herself = se
hip = cadera, la
his = su(s)
Hispanic, Spanish = hispano
history = historia, la
hobby = pasatiempo, el; afición, la
hold, to = tener (ie) (1st person sing. = tengo)
holidays = vacaciones, las
Holland = Holanda (fem.)
Holy Week (Easter) = semana santa, la
homework = deberes, los
homework, to do one's = hacer los deberes
Honduras = Honduras (fem.)
horoscope = horóscopo, el
horrible = antipático; horrible
horse = caballo, el
hospital = hospital, el
hot = caliente
hot, it's (very) = hace (mucho) calor
hotel = hotel, el
hour = hora, la
house = casa, la
housewife = ama (fem.) de casa, el
how are you? = ¿qué tal?
how delicious! = ¡qué rico!
how disgusting! = ¡qué asco!
how do I get to? = ¿por dónde se va a?
how exciting! = ¡qué ilusión!
how extraordinary! = ¡qué barbaridad!
how lucky! = ¡qué suerte!
how much? how many? = ¿cuánto/a/os/as?
how nice! = ¡qué gusto!
how scary! = ¡qué miedo!
how strange! = ¡qué raro!
how? = ¿cómo?
however = sin embargo
how's it going? = ¿qué hay?
hug = abrazo, el
hundred = cien(to)
hunger = hambre (fem.), el
hurry, to be in a = tener prisa
hurt, to = doler
husband = marido, el
I = yo
I am = soy (from ser)
I.D. card = carné de indentidad, el
i.e./ that's to say = o sea
ice = hielo, el
ice-cream = helado, el; mantecado, el
ICT = informática, la
icy, it's = hay hielo
idol = ídolo, el
if = si
illustrated = ilustrado
imperative = imperativo, el
important = importante
impression = impresión, la
improve, to = mejorar
in = en
in fact = de hecho
in front of = delante de
in my judgement = a mi juicio
in my opinion = en mi opinión
in order to = para (+ infin.); por (+ infin.)
in total = en total
in x minutes' time = dentro de x minutos
incredible = increíble
Indian = indio
infinitive = infinitivo, el
inflamed = inflamado
information = información, la
ingredient = ingrediente, el
inhabitant = habitante, el/la
inhuman = inhumano
instead of = en lugar de; en vez de

instruction = instrucción, la
intelligent = inteligente
interest, to = interesar
interesting = interesante
interview = entrevista, la
interview, to = entrevistar
invent, to = inventar
Ireland = Irlanda (fem.)
Irish = irlandés
iron = hierro, el
ironed = planchado
island = isla, la
issued = expedido (esped.)
it (direct object pronoun) = lo
Italian = italiano
Italy = Italia (fem.)
its = su(s)
jacket = chaqueta, la
January = enero
Japan = Japón (masc.)
Japanese = japonés
jar = jarra, la
jeans = vaqueros, los
jogging, to go = hacer 'footing'
joking, you must be! = ¡no fastidies!
journey = viaje, el
juice = zumo, el
July = julio
June = junio
just = justo
keep fit, to = mantenerse en forma
kill, to = matar
kilometre = kilómetro, el
kind = simpático
king = rey, el
kitchen = cocina, la
kiwi = kiwi, el
knee = rodilla, la
know (a person or place), to = conocer
know, to = saber
laboratory = laboratorio, el
lamb = cordero, el
lamp = lámpara, la
landscape = paisaje, el
language = idioma, el; lengua, la
lasagne = lasaña, la
last, to = durar
late = tarde
later = luego
Latin = latín, el
lavatory = wáter, el
lawyer = abogado, el
lazy = perezoso; vago
learn, to = aprender
leather = cuero, el
leave, to = dejar
left = izquierda
leg = pierna, la
lemon = limón, el
lend, to = prestar
Leo (star sign) = Leo
less = menos
let's go = vamos (from ir)
let's see whether, let's hope that = a ver si
letter (correspondence) = carta, la
lettuce = lechuga, la
Libra (star sign) = Libra
library = biblioteca, la
lie = mentira, la
lie, to tell a = mentir (ie)
life = vida, la
light (noun) = luz, la (pl. luces)
light (adj.) = ligero
lightning = rayo, el
like = como
like that = así
like, to = gustar
likewise = igualmente
lion = león, el
listen, to = escuchar
literature = literatura, la
little (amount) = poco
live, to = vivir
living room = sala de estar, la; salón, el
loads of = montón de, un
location = localidad, la
lock = cerradura, la
lock up, to = encerrar
London = Londres
long = largo
look at, to = mirar
look for, to = buscar
lose, to = perder (ie)
lose weight, to = adelgazar
loser = vencido, el
love, to = encantar; chiflar (both verbs work like gustar)
loving = cariñoso
low = bajo
lunch = almuerzo, el; comida, la

luxury, high class = de lujo
mad, to go = volverse loco
magazine = revista, la
main = principal
main course (of meal) = segundo plato, el
maintenance = mantenimiento, el
make sense, to = sentido, tener
make, to = hacer (irreg.)
man = hombre, el
mandarine = mandarina, la
map = mapa, el
March = marzo
marker pen = rotulador, el
market = mercado, el
market, fair = feria, la
married = casado
martyr = mártir, el/la
martyr, to = martirizar
marzipan = mazapán, el
mass = misa, la
matador, to become a = tomar la alternativa
match up, to = emparejar
match, game = partido, el
maths = matemáticas, las
matter, it doesn't = no importa
May = mayo
maybe = quizá(s)
mayonnaise = mayonesa, la
me, to me = me
meal = comida, la
meat = carne, la
meatball = albóndiga, la
medicine = medicamento, el
medium (cooked) = medio hecho
meet, to = encontrar (ue); recoger
melon = melón, el
mention, to = mencionar
metre = metro, el
metro (underground train system) = metro, el
Mexican = mejicano (mexicano)
Mexico = México (masc.)
mild = suave
milk = leche, la
milkshake = batido, el
million = millón, el
mime = mimo, el
mine = mina, la
mineral = mineral
mining (noun) = minería, la
mining (adj.) = minero
miniskirt = minifalda, la
minus (-) = menos
minute = minuto, el
mirror = espejo, el
Miss = señorita
miss (a person/place), to = echar de menos
mix, to = mezclar; (whisk) batir
mixed (adj.) = mixto
mobile telephone = móvil, el
modern = moderno
molar = muela, la
moment = momento, el
Monday = lunes
money = dinero, el
month = mes, el
more = más
more and more = cada vez más
morning = mañana, la
most = más
mother = madre, la
mother-in-law = suegra, la
motorcycling = motociclismo, el
mountain = montaña, la
mountain range = sierra, la
mouse = ratón, el
mouth = boca, la
mouthwash = enjuague, el
Mr = señor
Mrs = señora
much, many = mucho
multiplied = multiplicado
multiply, to = multiplicar
mum, mummy = mamá
municipal = municipal
muscle = músculo, el
museum = museo, el
mushroom = champiñón, el
music = música, la
mussel = mejillón, el
must, to = deber
mustard = mostaza, la
my = mi(s)
name = nombre, el
nationality = nacionalidad, la
nativity scene = belén, el
natural = natural; (normal) normal
navy blue = azul marino
near (adj.) = cercano
near (to) = cerca (de)
necessary = necesario

necessary, to be = hacer falta
neck = cuello, el
neck-tie = corbata, la
neighbour = vecino, el/la
neither = tampoco
neither…nor = ni…ni
nervous = nervioso
never = nunca
new = nuevo
New Year's Eve = Nochevieja, la
newspaper = periódico, el
next = próximo; (that is coming) que viene
next to = al lado de
next year = año que viene, el
Nicaragua = Nicaragua (fem.)
nice = simpático
nickname = apodo, el
night = noche, la
nine = nueve
nine hundred = novecientos
nineteen = diecinueve
ninety = noventa
ninth = noveno
no = no; (not any) ninguno (ningún before masc. sing. noun)
no way! = ¡qué va! ¡ni hablar!
nocilla (a type of chocolate spread) = nocilla, la
noisy = ruidoso
noodle = fideo, el
normal = normal
normally = normalmente
normally do, to = soler + infinitive
north = norte, el
Norway = Noruega (fem.)
Norwegian = noruego
nose = nariz, la
not at all, it's my pleasure = de nada
not = no
note = apunte, el
nothing = nada
notice of, to take = fijarse en
notice-board = tablón, el
nougat = turrón, el
November = noviembre
now = ahora
nowadays = hoy en día
nowhere = ninguna parte
nuisance = fastidio, el
number = número, el
numerous = numeroso

o'clock = en punto
obey, to = obedecer
obsessed = obsesionado
obsessive (about), to become = obsesionarse (con)
ocean = océano, el
October = octubre
odd job = chapuza, la
of = de
of course = claro; desde luego; por supuesto
office = oficina, la
official = oficial
often = a menudo
oil (cooking) = aceite, el
oil (petroleum) = petróleo, el
ok? = ¿vale?
okay; so, so = regular
old = viejo
older, oldest = mayor
olive = aceituna, la
omelette = tortilla, la
on = en; sobre
on average = de media
on foot = andando
on sale, to be = estar de rebajas
on the dot (of time) = en punto
on the point of, to be = estar a punto de
on the way = de camino
on the way to = camino de
on the….hand side = a mano
on top of = sobre
one = uno
one has to = hay que
onion = cebolla, la
only = sólo; único
only child (male) = hijo único, el; (female) hija única, la
open, to = abrir
opposite (to) = enfrente (de)
optional = optativo
or = o
oral hygiene = higiene bucal, la
orange (the colour) = naranja
orange (the fruit) = naranja, la
order = orden, el
order, to = mandar
order, to take an = tomar nota
oregano = orégano, el
origin = origen, el
other = otro

ought (must), to = deber
our = nuestro
ourselves = nos
outgoing, extrovert = extrovertido
outside = fuera
outskirts = afueras, las
oven = horno, el
overcoat = abrigo, el
P.E. (physical education) = educación física, la
p.o. box = apartado postal (apdo. postal), el
Pacific = Pacífico, el
paella = paella, la
pagan = pagano
page = página, la
pain = dolor, el; pena, la
painted = pintado
painter = pintor, el
painting = cuadro, el
pair = pareja, la
Panama = Panamá (masc.)
paper; piece of paper = papel, el
paragraph = párrafo, el
Paraguay = Paraguay (masc.)
parent = padre, el
parents-in-law = suegros, los
park = parque, el
partner = pareja, la
party, festival = fiesta, la
pass (an examination), to = aprobar (ue)
pasta = pasta, la
pastime = afición, la
pastimes = diversiones, las
patriotic = patriótico
patron = patrona, la
pay for someone else, to = invitar
pear = pera, la
pedestrian = peatón, el
peel, to = pelar
pen, biro = bolígrafo, el; boli, el (abbreviation)
pencil = lápiz, el
pencil sharpener = sacapuntas, el
pencil-case = estuche, el
peninsula = península, la
pen-pal = corresponsal, el
people = gente, la (used in singular)
pepper = pimiento, el
per cent = por ciento
perfect = perfecto
perform, to = actuar
perhaps = quizá(s)
period, time = época, la
person = persona, la
person = tipo, el
Peru = Perú (masc.)
peso (unit of currency in some S. American countries) = peso, el
pet = animal, el; mascota, la
petroleum = petróleo, el
physics = física, la
picture = imagen, la; dibujo, el
piles of = montón de, un
pill = pastilla, la
pinch (e.g. of salt) = pizca, una
pineapple = piña, la
pink = rosa
Pisces (star sign) = Piscis
pizza = pizza, la
place = sitio, el
plan = plano, el
planet = planeta, el
plank = tabla, la
plaque = caries, la
play, to = jugar
play (a musical instrument), to = tocar
play a record, to = poner el disco
playground = patio, el
playing card = carta, la
pleasant = agradable
please = por favor
pleased (to meet you) = encantado (de conocerte)
plus (+) = más
poach (an egg), to = escalfar
point out, to = indicar
policeman = policía, el
polite = educado
poor = pobre
pop (short for popular) = pop
popular = popular
pork = cerdo, el
Portugal = Portugal (masc.)
Portugese = portugués
position = posición, la
post office = correos
post, to = echar
poster = póster, el
potato = patata, la
practise (do), to = practicar
prawn = gamba, la
pray, to = orar ; rezar
praying mantis = mantis religiosa, la

prefer, to = preferir (ie)
preparation = elaboración, la
prepare, to = preparar
prepare oneself, get ready, to = prepararse
present = regalo, el
present (adj.) = presente
present (tense) = presente, el
present, to = presentar
pretty = bonito; guapo
primary = primario
private = privado
probably = a lo mejor
problem = problema, el
produce, to = producir
producer = productor, el
programme = programa, el
projector = proyector, el
pronoun = pronombre, el
pronounce, to = pronunciar
province = provincia, la
prune = pasa, la
pudding = postre, el
pupil = alumno/a, el/la
purple = morado
purse = monedero, el
push, to = empujar
put, to = meter; poner; (place) colocar
put on, to = ponerse
put on weight, to = engordar
put up with, to = aguantar
pyramid = pirámide, la
quarter = cuarto, el
quarter past = y cuarto
quarter to = menos cuarto
queen = reina, la
question = pregunta, la
quick, quickly = rápido; pronto
quiet, to be = callarse
quite = bastante
rabbit = conejo, el
radio = radio, la
rain = precipitaciones, las
rain, to = llover (ue)
rainy = lluvioso
rainy weather = tiempo lluvioso
rare (cooked) = poco hecho
rarely = frecuencia, con poca
reach the age of, to = cumplir
reach, to = alcanzar
read, to = leer
reading = lectura, la
real = real
realise, to = darse cuenta de
really = verdaderamente
reason = razón, la
receive, to = recibir
recently = últimamente
recipe = receta, la
red = rojo; (of wine) tinto
redhead = pelirrojo
reduction = rebaja, la
reflexive = reflexivo
region = región, la
register, to take the = pasar lista
relax, to = relajarse
relaxed = relajado
Religious Studies (R.E.) = religión, la
remain, to = quedar
remember, to = acordarse (ue)
represented = representado
research, to = investigar
residence = domicilio, el
responsible = responsable
rest, to = descansar
restaurant = restaurante, el
return, to = regresar; volver (ue)
revision = repaso, el
rice = arroz, el
rice-pudding = arroz con leche, el
ride a bike, to = montar en bici(cleta)
riding (horse) = equitación, la
riding (horse), to go = montar a caballo
right = derecho
right away = seguida, en; ahora mismo
right, to be = tener razón
ring (telephone), to = sonar
road = carretera, la
roast/roasted = asado
roof = tejado, el
roof-rack = baca, la
room = cuarto, el; habitación, la; sala, la
rosé (wine) = rosado
rough = rudo
round = redondo
routine = rutina, la
royal = real
rubber = goma, la
rucksack = mochila, la
rugby = rugby, el
rule = regla, la

ruler = regla, la
rum = ron, el
run, to = correr
run under water, to = pasar por agua
Russia = Rusia (fem.)
Russian = ruso
sad = triste
Sagittarius (star sign) = Sagitario
sailing = vela, la
sailing, to go = hacer vela; navegar
sailor = navegante, el
saint = santo, el
salad = ensalada, la
salad bowl = ensaladera, la
sale, reduction = rebaja, la
salmon = salmón, el
salt = sal, la
same = igual; mismo
same as = igual que
sandal = sandalia, la
sandwich = bocadillo, el
Saturday = sábado
sausage (red spicy) = chorizo, el; salchichón, el
sauté, to = rehogar
say, to = decir (i); 1st person singular digo
scarf = bufanda, la
school = escuela, la; cole, el (shortened form); (primary) colegio, el; (secondary) instituto, el
school, of a = escolar (adj.)
school-bag = mochila, la
science = ciencias, las
scissors = tijeras, las
Scorpion (star sign) = Escorpio
Scotland = Escocia (fem.)
Scottish = escocés
scrub, to = fregar (ie)
sea = mar, el
sea bass = lubina, la
sea bream = besugo, el
season = estación, la
second = segundo
second course, as a = de segundo
secondary education = educación secundaria obligatoria, la
secretary = secretaria, la
sector = sector, el
see you later = hasta la vista; hasta luego
see, to = ver
seem, to = parecer
selfish = egoísta
sell, to = vender
send, to = mandar
sense = sentido, el
sentence = frase, la
September = se(p)tiembre
serve, to = atender
seven = siete
seven hundred = setecientos
seventeen = diecisiete
seventh = séptimo
seventy = setenta
shack = chabola, la
shandy = clara, la
shape = forma, la
shave, to = afeitarse
she = ella
shellfish = marisco, el
shirt = camisa, la; (short-sleeved sports) camiseta, la; polo, el
shoe = zapato, el
shoe size, to be of a certain = calzar
shop = tienda, la
shop assistant = dependienta, la
shopping = compra, la
shopping, to do the = hacer la compra; ir de tiendas, ir de compras
short (height) = bajo
short (length) = corto
shoulder = hombro, el
show, to = enseñar
show (a film), to = poner
shower = ducha, la
shower, to have a = ducharse
showers = chubascos, los
showing/screening = sesión, la
shut, lock up, to = encerrar
side = lado, el
sight, glance = vista, la
silver (the colour) = plateado
silver (the metal) = plata, la
similar = parecido
simmer, to let = dejar cocer a fuego suave
since, because = puesto que
sink = fregadero, el
sirloin = solomillo, el
sister = hermana, la
sit down, to = sentarse (ie)
situated = situado
sit-up = abdominal, el
six = seis

six hundred = seiscientos
sixteen = dieciséis
sixth = sexto
sixty = sesenta
size = talla, la; tamaño, el
skate, to = patinar
skating = patinaje, el
ski resort = estación de esquí, la
ski, to = esquiar
skiing = esquí, el
skilful = hábil
skin = piel, la
ski-pass = forfait, el
skirt = falda, la
ski-slope = pista de esquí, la
ski-stick = bastón, el
sky = cielo, el
sleep, to = dormir (ue)
sleepy, to be = sueño, tener
slice = rodaja, la
slim = delgado
slow = lento; despacio
small = pequeño
smaller = menor
smoke, to = fumar
snack, to have a = merendar (ie)
snow = nieve, la
snow, to = nevar (ie)
so = tan
so (then) = así que
so much = tanto
soap = jabón, el
soap-opera = telenovela, la; culebrón, el
sock = calcetín, el
sofa = sofá, el
soft drink = refresco, el
sole (fish) = lenguado, el
solve, to = solucionar
some = algún, alguna; unos
something = algo
sometimes = a veces; algunas veces
son = hijo, el
sorrow = pena, la
sorry, I am = lo siento
so-so, not bad = tirando
sound = sonido, el
soup = sopa, la
south = sur, el
South America = Sudamérica (fem.)
southern = meridional
spaghetti = espaguetis, los
Spain = España (fem.)
Spanish = español
Spanish (language) = español, el
speak, to = hablar
speak on the telephone, to = hablar por teléfono
special = especial
spectacle = espectáculo, el
speech = discurso, el
spell out, to = deletrear
spend (money), to = gastar
spider = araña, la
spinach = espinacas, las
sport = deporte, el
sports centre, sports hall = polideportivo, el
sporty = deportista; deportivo
spring (the season) = primavera, la
square (of a town) = plaza, la
squash = squash, el
squid = calamar, el
stadium = estadio, el
staff room = sala de profesores, la
stand (tolerate), to = aguantar
start, to = empezar (ie)
station = estación, la
stay = estancia, la
stay at home, to = quedarse en casa
steam = vapor, el
step-brother = hermanastro, el
step-father = padrastro, el
step-mother = madrastra, la
step-sister = hermanastra, la
stereotype = estereotipo, el
stew = cocido, el
still (non-fizzy) = sin gas
still, yet = todavía
sting, to = picar
stir, to = remover
stockings = medias, las
storm = tormenta, la
stormy, it's = hay tormenta
story = historia, la
straight = recto; (hair) liso
straight ahead = todo recto
strange, odd = raro
street = calle, la
striker = delantero, el
strong = fuerte; valiente
student = estudiante, el/la
study, to = estudiar

stuff oneself, to = inflarse de comer
stupid = imbécil
subject (school) = asignatura, la
success, to be a = ser un éxito
suck, to = chupar
suckling pig = cochinillo, el
sugar = azúcar, el
sugar cane = caña de azúcar, la
suit = traje, el
suit, (go with), to = pegar con; sentar
summer = verano, el
summer holidays, to spend = veranear
sun = sol, el
Sunday = domingo
sunglasses = gafas de sol, las
sunny = soleado
sunny, it's = hace sol
superb = estupendo; magnífico; (informal) guay
supermarket = supermercado, el
supporter = aficionado, el
sure = seguro
sure, to be = estar seguro
surf = surf, el
surf (e.g. the internet), to = navegar
surname = apellido, el
surprise, to = extrañar
survey = encuesta, la; sondeo, el
suspicious = sospechoso
swap around = cambia de papel
Sweden = Suecia (fem.)
Swedish = sueco
sweet = dulce
sweets = chucherías, las (chuches)
swim, to = nadar
swimmer = nadador, el
swimming = natación, la
swimming costume = bañador, el
swimming pool = piscina, la
sword = espada, la
symptom = síntoma, el
table = mesa, la
tacky = hortera
take, to = coger; tomar; (buy) llevarse
take care, to = tener cuidado
take notes! = toma apuntes ¡toma apuntes!
take off, remove, to = quitar
take one's time (to do something), to = tardar
take out, to = sacar
tall = alto
tapas bar = bar de tapas, el
tapas, to have = tapear
tape = cinta, la
taste = gusto, el; sabor, el
tasty = rico; sabroso
tasty, to be = estar bueno
taurus = tauro
teach, to = enseñar
teacher = profesor, el; profesora, la
team = equipo, el; partido, el; cuadrilla, la
teaspoonful = cucharadita, una
technology = tecnología, la
telephone = teléfono, el
telephone, to = telefonear
telephonic = telefónico
television = televisión, la
tell, to = contar
tell off, to = regañar
temperature = temperatura, la
temperature, to have a = tener fiebre
ten = diez
tennis = tenis, el
tenth = décimo
thank goodness! = ¡menos mal!
thank you (very much) = (muchas) gracias
that (after a verb) = que
that is to say, i.e. = es decir
that said = dicho esto
that which = el que
that, those (demonstrative adjective) = ese, esa, esos, esas
that, those (demonstrative pronoun) = ése, ésa, ésos, ésas
that's right = eso es
the (masculine singular) = el, la, los, las
theatre = teatro, el
their = su(s)
them (direct object pronoun) = los
them, to them = les
themselves = se
then = luego
then, so then = entonces
there (in the distance) = allá; (quite near) allí
there is, there are = hay
therefore = por lo tanto
thermometer = termómetro, el
they = ellos/as
thief = ladrón, el
thin = delgado
thing = cosa, la
think, to = pensar (ie)

think that, to = opinar que
think, believe, to = creer
third = tercero
thirty = treinta
this = éste/a/o
thousand = mil
three = tres
three hundred = trescientos
through = por
Thursday = jueves
ticket = entrada, la
tights, stockings = medias, las
time = hora, la; tiempo, el
time (occasion) = vez, la (pl.: veces)
timetable = horario, el
timid = tímido
tired = cansado
tired, to be = tener sueño
title = título, el
to = a
toast = tostada, la
toasted = tostado
toaster = tostador, el
today = hoy
together = juntos
tolerate, to = aguantar; soportar
tomato = tomate, el
tomorrow = mañana
tonic = tónica, la
too (also) = también
too (too much) = demasiado
tooth = diente, el
top = máximo
tortoise = tortuga, la
tourism = turismo, el
tourist = turista, el/la
tourist information office = oficina de turismo, la
town, village = pueblo, el; pueblecito, el
town hall = Ayuntamiento, el
tracksuit = chándal, el
tradition = tradición, la
traffic-light = semáforo, el
trainers = zapatillas (de deporte), las
translate, to = traducir
travel agents = agencia de viajes, la
travel, to = viajar
tree = árbol, el
trendy = de moda
tropical = tropical
trouble = pena, la
trousers, pair of = pantalón, el
true = verdadero
truth = verdad, la
try (attempt), to = intentar
try on, to = probarse (ue)
try to, to = tratar de
try, sample, to = probar (ue)
try, to = procurar
t-shirt = camiseta, la
Tuesday = martes
tuna = atún, el
turkey = pavo, el
turn, to = doblar; torcer
tutorial = tutoría, la
tv (television) = tele, la
twelve = doce
twenty = veinte
twin = gemelo, el / gemela, la
two = dos
two hundred = doscientos
type = tipo, el
typical = típico
ugly = feo
umbrella = paraguas, el
uncle = tío, el
under = debajo de
underline, to = subrayar
understand, to = comprender
uniform = uniforme, el
university = universidad, la
unjust = injusto
unkind = antipático
until = hasta
upstairs = arriba
Uruguay = Uruguay, el
us, to us = nos
USA = Estados Unidos, los
use, to = utilizar
useful = útil
valid = válido
varied = variado
various = vario
vegetables = verduras, las; hortalizas, las
vegetarian = vegetariano
Venezuela = Venezuela (fem.)
verb = verbo, el
very = muy
very much = muchísimo
video = vídeo, el
villa = chalet, el

village = pueblo, el
vinegar = vinagre, el
Virgo (star sign) = Virgo
virus = virus, el
visit, to = visitar
vital = superimportante
volley-ball = voleibol, el
waiter, waitress = camarero/a, el/la
wake up, to = despertarse (ie)
Wales = Gales (fem.)
wall (of a building) = pared, la
want, to = querer (ie)
want to, to = tener ganas de
wardrobe, cupboard = armario, el
wash, to (trans.) = lavar
wash oneself, to = lavarse
washing-machine = lavadora, la
watch = reloj, el
watch, to = mirar
water = agua, el (fem.)
water sports = deportes acuáticos, los
water-skiing = esquí aquático, el
way = vía, la
we = nosotros/as
wear, to = llevar
weather = tiempo, el
weather forecast = pronóstico del tiempo, el
Wednesday = miércoles
week = semana, la
weekend = fin de semana, el
weigh, to = pesar
weight = peso, el
well = bien
Welsh = galés
west = oeste, el
what a pain! = ¡qué pesado! ¡qué rollo!
what a shame! = ¡qué lástima! ¡qué pena! ¡vaya!
what are....like? = ¿cómo son?
what do you think about it? = ¿qué te parece?
what is your name? (formal) = ¿cómo se llama usted?
what is your name? (informal) = ¿cómo te llamas?
what is....like? = ¿cómo es?
what? = ¿qué?
what? (interrog.) = ¿cuál?
whatever you want = lo que quieras
when = cuando
when? (interrog.) = ¿cuándo?
where = donde
where on earth have you been? = ¿dónde demonios has estado?
where there's a will, there's a way = querer es poder
where? = ¿dónde?
where to? = ¿adónde?
which? = ¿cuál?
while = mientras que
whisk, to = batir
white = blanco
whiteboard = pizarra, la
who (relative pronoun) = quien
who? = ¿quién?
why? = ¿por qué?
wife = mujer, la
wind = viento, el
window = ventana, la
windsurfing = windsurfing, el
windy, it's = hace viento
wine = vino, el
winter = invierno, el
wish = gana, la
with = con
with best wishes = un abrazo
with you = contigo
witness = testigo, el
woman = mujer, la
word = palabra, la
work = trabajo, el
work, to = trabajar; funcionar
working (adj.) = laboral
world = mundo, el
world, of the (adj) = mundial
worry (about), to = preocuparse (por)
worst thing, the = lo peor
worth, to be = valer
worthwhile, to be = merecer la pena
write, to = escribir
year = año, el; (school) curso, el
yell, to = gritar
yellow = amarillo
yes = sí
yesterday = ayer
yet = todavía
yoghurt = yogur, el
you = tú; vosotros/as; (polite) usted (vd.), ustedes (vds.)
young = joven
younger = menor
your (of you singular) = tu(s)

your (of you plural) = vuestro
yourself = te
yourselves = os
zone, area = zona, la
zoo = zoo, el

Index of subjects